Georg Schönherr

Jorge de Montemayor - sein Leben und sein Schäferroman

Georg Schönherr

Jorge de Montemayor - sein Leben und sein Schäferroman

ISBN/EAN: 9783743618138

Hergestellt in Europa, USA, Kanada, Australien, Japan

Cover: Foto ©ninafisch / pixelio.de

Manufactured and distributed by brebook publishing software (www.brebook.com)

Georg Schönherr

Jorge de Montemayor - sein Leben und sein Schäferroman

JORGE DE MONTEMAYOR

SEIN LEBEN

UND SEIN SCHÄFERROMAN

DIE „SIETE LIBROS DE LA DIANA"

NEBST

EINER ÜBERSICHT DER AUSGABEN DIESER DICHTUNG

UND BIBLIOGRAPHISCHEN ANMERKUNGEN

HERAUSGEGEBEN

VON

GEORG SCHÖNHERR.

HALLE.
MAX NIEMEYER.
1886.

FRAU CAROLINA MICHAËLIS DE VASCONCELLOS

IN OPORTO

IN DANKBARER VEREHRUNG GEWIDMET

VOM

LEIPZIG, IM NOVEMBER 1885. **VERFASSER.**

Einleitung.

Vorbemerkungen über Entstehung, Wesen und Entwicklung der Schäferpoesie bis zum Erscheinen der „Diana" des Montemayor.

Unter den Dichtungsarten, welche zur Zeit ihrer Blüte eine hervorragende Stellung auf dem Gebiet des poetischen Schaffens einnahmen, ohne darum in irgend einer Litteratur doch dauernd Epoche zu machen, ist die Schäferpoesie eine der interessantesten und wichtigsten. Verdient sie schon in kulturgeschichtlicher Hinsicht ein aufsergewöhnliches Interesse, da sie mehr als manch' eine andere einen Einblick in das gesellschaftliche Leben vergangener Zeiten gewährt, so ist sie auch in litterarhistorischer Beziehung durch den Einflufs, den sie auf die Romanschreibung besonders der späteren Renaissanceperiode auszuüben bestimmt war, nicht weniger von Bedeutung. Freilich vermochte sie denselben erst recht geltend zu machen, nachdem sie sich um die Mitte des 16. Jahrhunderts im freieren Gewande der Prosa erhoben und eine bis dahin unbekannte Gattung von Erzählungen, den Hirtenroman, hervorgebracht hatte; ihre der älteren Zeit entstammenden Erzeugnisse mufsten, schon weil sie fast ohne Ausnahme in gebundener Rede abgefafst waren, für die spätere Romanlitteratur unmittelbar natürlich ohne Bedeutung bleiben, wie sie denn auch rein äufserlich einen verschwindend kleinen Raum einnehmen im Vergleich mit den durch ihren Umfang Schrecken erregenden Bänderreihen, die man zur Zeit der Blüte dieser Dichtung in bewundernswerter Ausdauer mit Beschreibungen der Schicksale und Klagen unglücklicher Schäfer füllte.

Dennoch verdienen jene älteren bukolischen Dichtungen an dieser Stelle eine besondere Beachtung: nicht nur, weil sie für das hohe Alter einer Dichtgattung zeugen die sich, in ihren Anfängen wenigstens, darin gefiel, das Stillleben einfacher Landleute darzustellen, sondern auch, weil sie die Entstehung dieser eigentümlichen Poesie noch am reinsten erkennen lassen. Die sicilianischen Hirtengedichte Theokrit's, die ältesten, der Kunstpoesie angehörigen Vertreter der Gattung, entstanden zu einer Zeit, die sich mit ihrem hochentwickelten, aber drückenden staatlichen Organismus bereits weit von dem Naturleben und der Sitteneinfalt früherer Zeiten entfernt hatte. Je fühlbarer dieser Kontrast durch eine verfeinerte, genufssüchtige Lebensweise sich noch gestaltete, um so stärker mufste notwendiger Weise in der Brust des Einzelnen, vor Allem aber in einem dichterischen Gemüt das Verlangen nach einem geschwundenen, in seiner Unschuld und Bedürfnislosigkeit glücklichen Dasein erwachen. Worin hätte nun aber die Sehnsucht nach diesem unerreichbaren Ideal einen besseren Ersatz zu finden vermocht, als in einem idyllischen, allem konventionellen Zwange entrückten Landleben, wie es die reichen Gefilde des südlichen Europas zudem besonders anziehend erscheinen liefsen? Und glich ein solches dem entzückenden Bilde, das man sich im Gefühle eines ungestillten inneren Dranges vor das geistige Auge zauberte, am meisten — was konnte näher liegen, als es in der Dichtkunst zu feiern? Nicht allein der Liebe zum Landleben und der Anziehungskraft, die dasselbe zu allen Zeiten auf den Städter ausgeübt hat, verdankte demnach die bukolische Poesie ihren Ursprung; auch in einem der Unnatur beengender Verhältnisse entsprungenen Bedürfnis der Rückkehr zu einem Dasein, welches sich der umgebenden Natur noch nicht entfremdet hatte, lag eine Ursache ihres Entstehens; in Empfindungen, die ihrem Wesen nach viel mit jenen gemein haben mochten, welche die Vorstellung eines goldnen Zeitalters erzeugt hatten, kurz, in einem ungestillten Drange nach Reaktion, der in einer poetisch verklärten Darstellung gerade des Landlebens noch am vollkommensten Befriedigung fand.

Freilich war damit von vornherein eine Gefahr hinsichtlich der Wahrheit der Schilderung verbunden, die immer nahe liegt, wenn die Dichtkunst sich eines Stoffes bemächtigt, der wegen seiner Einfachheit und aus Mangel an besonders wirkungsvollen Momenten der poetischen Behandlung enge Grenzen zieht. Wurde dieselbe nun im gegenwärtigen Falle noch erhöht durch die Ausflüsse jenes allgemein menschlichen Bestrebens, ein ersehntes Gut, einen begehrenswerten Zustand in doppelt anziehenden Farben auszumalen, so ist es wohl begreiflich, dafs die bukolische Poesie es mit einer getreuen, ja auch nur glaubwürdigen Schilderung der Verhältnisse, wie sie selbst der sogenannten poetischen Wahrheit nicht nachgelassen werden kann, nie allzu genau nahm. Sie umgab vielmehr das einfache, zu allen Zeiten aber rohe Naturleben der Hirten — denn diese hatten sich, vermutlich ihrer friedlichen Beschäftigung halber, schon früh des Vorzugs vor den Jägern und Fischern zu erfreuen — mit einem idealen Nimbus, den es niemals besessen haben kann, und rückte dasselbe, je mehr sie sich entfaltete, in eine um so weitere poetische Ferne, in der es für die Dauer nur bei Denen noch Anklang finden konnte, deren Wahrheitsgefühl nicht durch eine genauere Kenntnis der Wirklichkeit mit den falschen Darstellungen der Hirtengedichte beständig in Zwiespalt geriet.

So schlug die Schäferpoesie fast von Anbeginn eine Richtung ein, bei der sie weit weniger in den breiten Schichten des prosaisch denkenden, zu trockenem Kriticismus neigenden Volkes, als vielmehr in den höheren und höchsten Klassen der Gesellschaft Erfolge erntete; bei Denen, welche der Schönheit der Darstellung zu Liebe gern über den Mangel an Naturwahrheit hinwegsahen, die sich in ihren Illusionen durch etwaige prosaische Bedenken nicht stören lassen wollten; und es kann als beste Bestätigung dieses für das Wesen der ganzen Dichtgattung recht charakteristischen Zuges gelten, was zugleich eine ganz natürliche Folge war, dafs nämlich die meisten und gerade die hervorragendsten Schäferdichter auch aus vornehmen Kreisen hervorgingen oder doch in enger Beziehung zu solchen standen. Das Beispiel Vergil's, der Troubadours, Boccaccio's, Sanazzaro's, Bernardim Ribeiro's, Montemayor's und vieler Anderer ist ein sprechender Beweis hierfür.

Dafs eine Dichtung, die ursprünglich das Naturleben einer niederen Menschenklasse zum Vorwurf hatte, unter der Pflege höfischer Dichter an Naturwahrheit und Volksmäfsigkeit nicht gewinnen konnte, liegt auf der Hand. War doch im Gegenteil eine Rückkehr zur ungeschminkten Wirklichkeit von Niemandem weniger als eben jenen vornehmen Poeten zu erwarten, die ihrem Gegenstand von Haus aus schon gar nicht ferner stehen konnten und welche überdies, im steten Bewufstsein für exclusive Kreise zu dichten, Alles ängstlich vermieden, was den Schein des Vulgären hätte an sich tragen oder aus anderen Gründen nicht salonfähig erscheinen können.

In den Darstellungen der klassischen Dichter, besonders Theokrit's, waren die sanften Empfindungen der schäferlichen Idyllenwelt in einfacher, anziehender Weise wiedergegeben und ermangelten nicht der Natürlichkeit; sie mufsten jedoch den Charakter des Erkünstelten, des Gesuchten annehmen, je mehr die Dichtung in die Behandlung von Männern überging, die ihre mangelhafte Kenntnis des Landlebens durch Aufwand von Phantasie zu ersetzen trachteten und letzteres darstellten, nicht wie es in Wirklichkeit war, sondern wie es ihre Einbildung am liebsten gesehen hätte. Die unausbleibliche Folge hiervon war eine idealisierende Schönfärberei, die sich bald ganz von aller realen Grundlage entfernte, so dafs die Schäferpoesie einer Eigenschaft vollends verlustig ging, die als Grundbedingung für das dauernde Bestehen aller Dichtung zu betrachten ist, die aber gerade bei ihr auch den Hauptanziehungspunkt hätte bilden müssen: sie wurde unwahr. —

Auch nach anderer Seite erwuchsen ihr indessen aus der Pflege der höfischen Dichter verderbliche Folgen. Ihr zwar nicht undankbarer, immerhin aber eng begrenzter Stoff duldete keine wesentliche Erweiterung nach aufsen, keine Hinzunahme fremder

Elemente, ohne sie in ihrem Charakter zu schädigen. Von einem ächten, harmlosen Schäfer waren weder Heldenthaten zu erwarten, noch durfte er sich als Intrigant aufspielen, noch konnten ihm sonstwie Handlungen untergeschoben werden, die sich mit seiner Lebensweise und Umgebung nicht vertrugen. Um so eher wäre es geboten gewesen, das beschränkte Material nach Innen auszubeuten und in haushälterischer Verwertung desselben nichts unbenutzt zu lassen, was für die poetische Darstellung irgendwie geeignet erschien. Das Einzelne hervorkehrend, hätte der Dichter durch eine Art poetischer, aber wahrheitsgetreuer Miniaturmalerei ergötzen müssen, wo die Natur des Stoffes tiefere und bleibende Eindrücke nicht erzielen liefs. Eine derartige, in allen Stücken auf der unmittelbaren und liebevollen Anschauung von Natur und Leben fufsende Behandlungsweise, die einzige, welche der Schäferpoesie ein dauerndes Bestehen vielleicht gesichert hätte, konnte indessen vornehmen, von Geschmack, Mode und Rücksichten aller Art beherrschten Dichtern nicht oder nur schlecht gelingen, wurde aber späterhin, besonders seit Montemayor, in erster Linie auch gar nicht mehr erstrebt.

Um so auffälliger mufs es erscheinen, dafs sich die Schäferdichtung gerade vom Erscheinen der „Diana" an vorübergehend ganz besonderer Erfolge erfreute, ja dafs sie, trotz ihrer Unwahrheit, ihrer inneren Haltlosigkeit, zu einem mit vieler Vorliebe gepflegten Zweig der Prosadichtung erstarken konnte. Neben mancherlei geringfügigeren Ursachen, die bei der Besprechung der „Diana" im Einzelnen erörtert werden sollen, macht indessen ein bisher unberührt gebliebener, charakteristischer Zug der Pastoralpoesie, der ihr fast von Anfang an eigen und der sich in ihren Erzeugnissen, besonders seit Montemayor, mehr und mehr in den Vordergrund drängt, diese eigentümliche Thatsache zum grofsen Teil erklärlich: wir meinen die Einführung lebender, unter der Maske von Schäfern und Schäferinnen auftretender, meist vornehmer Personen, deren Abenteuer und Liebeshändel wirkliche Vorfälle zum Gegenstand haben. So wenig die Aufnahme eines derartigen Elementes mit dem Wesen der Hirtendichtung verträglich scheint, so war sie doch jedenfalls ein gutes Mittel, deren ohnehin farblosen und oft recht ermüdenden Erzeugnissen einen besonderen Reiz zu verleihen, wenn auch nur vielleicht in den Augen Derer, für welche diese Dichtungen in erster Linie bestimmt waren und denen es begreiflicher Weise nicht wenig Genufs bereiten mufste, in den zarten, diskret verschleierten Darstellungen dieser Art Begebenheiten aus ihrem eigenen oder dem Leben bekannter Personen, in deren Helden aber sich selbst verewigt zu sehen.

Freilich war dieser eigentümliche Zug der Schäferdichtung andrerseits nur eine weitere Ursache, dafs sie — und auch zur Zeit ihrer Blüte mit nur ganz wenigen Ausnahmen, in Besitz und Pflege der feiner Gebildeten blieb. Denn mit der Berücksichtigung privater Verhältnisse und Interessen mufste sie notwendiger Weise nicht nur den letzten, etwa noch übrigen Rest von Naturwahrheit verlieren, da ihre als Schäfer verkleideten Cavaliere mit der Art gemeiner, Schaffell bekleideter Hirten natürlich nichts zu thun haben durften — sie beraubte sich damit auch der letzten Möglichkeit, volkstümlich und volksmäfsig zu werden, da der grofse Haufe in die intimen Angelegenheiten von Kreisen, die sich ängstlich von ihm abzusondern strebten, weder eingeweiht war, noch überhaupt ein Interesse für dieselben hegen konnte.

So ging die Schäferpoesie jener sicheren Grundlage verlustig, die für eine Dichtgattung im Beifall der grofsen Masse des Volkes liegt, und deren sie bedurft hätte, um unabhängig von dem jeweilig herrschenden Geschmack, den Schwankungen einer stets wechselnden Mode Trotz zu bieten. Nächst dem Mangel an innerer Wahrheit wird demnach ihr exclusives, fast möchte man sagen aristokratisches Wesen als Hauptursache ihres späteren, gänzlichen Verfalles zu betrachten sein.

Schon die Eklogen Vergil's weisen unverkennbare Spuren der genannten Gebrechen auf. Sehr im Gegensatz zu der volkstümlich-ungeschmückten Sprache, zu der naturwahren Darstellung von Landleuten, die auch in ihren Vorstellungen und Bildern ländlich sind, zu dem oft derben Realismus der Idyllen des Syrakusaners, herrscht in des ersteren Hirtengedichten bereits eine glättere und gewähltere Ausdrucksweise, welche der seiner griechischen Vorbilder an Originalität und Natürlichkeit nachsteht und deutlich das Bestreben nach Verfeinerung, nach kunstmäfsigerer Gestaltung und Behandlung des einfachen Stoffes wahrnehmen läfst. Dazu kommt, dafs diese lateinischen Eklogen, ungleich den Idyllen Theokrit's, eine gewisse Tendenz verfolgen und an bestimmte, einflufsreiche Personen gerichtet sind, wie sie denn auch bereits den Anfang zu der der Hirtenpoesie eigentümlichen allegorischen Darstellungsweise machen. Sind doch die Vergilischen Hirten, unter denen zuweilen auch der Dichter selbst auftritt, vielleicht ohne Ausnahme nichts als Vertreter historischer Persönlichkeiten aus dem Kreise der vornehmen, römischen Gesellschaft jener Zeit.

Alles dies sind Züge, welche zur Genüge darthun, wie die bukolische Dichtung bereits bei Vergil einen vollkommen höfischen Charakter angenommen hatte und schon damals im Dienste der Gesellschaft stand, an die sie auch in Zukunft gekettet bleiben sollte. In Übereinstimmung hiermit mag es aber immerhin bemerkenswert scheinen, dafs sie die Pflege, die ihr während des Mittelalters zu Teil wurde, auch gerade an Orten fand, wo neben dem Interesse für Dichtkunst überhaupt auch ein regeres gesellschaftliches Leben zur Ausbildung gelangt war, nämlich am Hofe Karls des Grofsen und bei den Troubadours. Wie nicht anders zu erwarten, weisen die bukolischen Dichtungen dieser beiden

Epochen freilich einen nach Form und Inhalt sehr von einander verschiedenen Charakter auf.

In den Hofkreisen Karls mit ihrer durch die Pflege von Kunst und Wissenschaft verfeinerten Geselligkeit waren die Eklogen Vergils bekannt und beliebt[1] und mufsten, zumal bei der grofsen Verehrung, welche man dem Sänger des augusteischen Zeitalters als erstem lateinischen Dichter zollte, zum Muster für die Eklogen werden, die jene Zeit hervorbrachte.

Anders bei den Troubadours, deren durchaus nationale Poesie von vornherein darauf verzichtete, aus den Schätzen der antiken Litteratur Nahrung zu ziehen, so dafs, wie alle Gattungen einer so eigentümlichen, in sich abgeschlossenen Poesie, auch ihre Schäferdichtung ein ganz besonderes Gepräge erhielt, welches nicht gestattet, das über die Haupteigentümlichkeiten der übrigen Hirtendichtung Gesagte auch auf sie in allen Stücken anzuwenden. Nicht nur halten sich die pastoretas oder pastorelas der Provençalen, gleich den pastourelles der Nordfranzosen, von Anspielungen auf persönliche Beziehungen ihrer Hörer oder gar etwa der Einführung wirklicher Personen, mit Ausnahme des Dichters selbst, vollkommen frei; auch der Gegenstand, den sie behandeln, ist von dem der älteren Erzeugnisse durchaus verschieden. Dagegen weisen sie doch e i n e Eigentümlichkeit auf, die viele der antiken Eklogen mit ihnen gemein haben, nämlich die Gesprächsform, welche der gesamten provençalischen Pastoralpoesie als charakteristisches Merkmal eigen ist.[2] Wie bekannt, findet das Gespräch meist zwischen einem Ritter, der zugleich der Dichter ist, und einer Schäferin statt. Oft bildet die Liebe, nicht selten aber auch die Erörterung einer sozialen oder politischen Frage den Mittelpunkt desselben; in allen Fällen läfst jedoch die Art der Darstellung keinen Augenblick den Gedanken aufkommen, dafs diese pastoretas mit ihren oft recht klug und vornehm thuenden Schäferinnen jemals hätten volksmäfsig sein können. — Auch die Hirtenpoesie der Troubadours, so sehr sie sich von der älteren unterscheidet, leidet also an den Hauptgebrechen der Gattung, dem Mangel an Naturwahrheit und Volksmäfsigkeit.

Um so wohlthuender ist es, den Blick von den höfischen Sängern der Provence ab und den Dichtern und Erzählern Nordfrankreichs zuzukehren, den Einzigen, welche in der Zeit vor Montemayor, wenn nicht überhaupt, die Schäferdichtung in ansprechender und wahrhaft volkstümlicher Weise pflegten. Die Trouveres bauten das Genre der Pastourelle zur selben Zeit mit den Troubadours an, also im 12. und 13. Jahrhundert. Während es aber in der akademischen Lyrik der Provençalen nie zu grosser Bedeutung

---

[1] Vgl. *Adolf Ebert: „Allgemeine Geschichte der Litteratur des Mittelalters im Abendland"* Bd. II, S. 6, 31, 65.
[2] *Brackelmann, „Die Pastourelle in der nord- und südfranz. Poesie".* Ebert's Jahrbuch IX. Bd.

gelangte und wenig Pflege fand, erfreute sich die Schäferpoesie in Nordfrankreich einer weit grösseren Verbreitung, welche ebensowol als die Menge der uns erhaltenen Pastourellen auf die allgemeine Beliebtheit derselben schliessen lässt. Ohne auf den Inhalt der letzteren, deren Gegenstand in vielen Stücken dem der pastoretas ähnelt, einzugehen — ein um so überflüssigeres Unternehmen, als die Pastourellen für die Entwickelung des Schäferromans leider ohne Bedeutung blieben — sei nur hervorgehoben, dass ihre Schäfer so nach ihrem Verhalten wie ihren Gemütsanlagen ausnahmsweise einmal wirklichen Menschen gleichen, glücklicher Weise also auch noch nichts von der krankhaften Sentimentalität jener hoffnungslos verzweifelnden Liebhaber der späteren Hirtenromane aufweisen; selbst Liebesklagen von Schäferinnen sind seltener.

Es wurde schon darauf hingewiesen, dass der Ritter, bezw. der bourgeois, die typische Figur der nord- und südfranzösischen Pastourellen, auch der Dichter und Erzähler derselben ist. Die Darstellung dieser Hirtengedichte trägt mithin einen ganz subjektiven Charakter, was umsomehr der Hervorhebung bedarf, als sie sich dadurch sehr wesentlich von der späteren, an sich wenig bedeutenden Pastourellendichtung des 14. Jahrhunderts unterscheidet.

Gleich den übrigen Gattungen der lyrischen Poesie jener Zeit von Dichtern vorwiegend bürgerlichen Standes, wie Machaut, Deschamps, Froissart und Anderen angebaut, werden in deren Erzeugnissen ganz objektiv nur die Unterhaltungen von Schäfern unter einander wiedergeben. Gewöhnlich haben sie deren Liebeshändel zum Gegenstand, doch handeln sie nicht selten auch über ferner liegende Dinge; sogar die Politik ist, wie in den pastoretas der Provençalen, nicht ausgeschlossen. Schon hieraus lässt sich entnehmen, dass die französische Schäferdichtung des 14. Jahrhunderts den Pastourellen der Trouveres an Naturwahrheit und Volkstümlichkeit nachsteht, und in der Tat ist ihr Gepräge, wie das der damaligen Lyrik überhaupt noch, ein exclusives und höfisches, wiewol es Männer vorzugsweise des dritten Standes waren, die das Genre cultivierten. Immerhin vermochten sie aber ihre Individualität nicht soweit zu verleugnen, dass sie sich nicht in einem anderen Zuge ihrer Poesie hätte zeigen sollen, nämlich in dem Bestreben zu moralisieren und zu allegorisieren — eine Richtung, die zu einer Zeit, in welcher die scholastisch-dialektische Gelehrsamkeit der Universitäten und der nüchterne, praktische Geist des Bürgertumes massgebend waren, eben nichts Auffallendes hat, die aber für die Schäferdichtung insofern von Bedeutung wurde, als sie eine bis dahin unbekannte Dichtform, das Schäferspiel oder Pastorale, hervorrief.

Dasselbe ist in der Tat nichts als das Produkt einer Verschmelzung der pastoralen Lyrik mit der Didaktik, eine Erfindung, deren Ehre also den Franzosen gebührt, obgleich das Schäferspiel, bei den Spaniern am frühesten von Juan del Enzina um das Ende des 15., dann von Lope de Rueda um die Mitte des 16. Jahrhunderts bearbeitet[1], erst in Tasso's „Aminta" Kunstgehalt und dramatische Vollendung erhielt. Die älteste derartige Bearbeitung eines idyllischen Stoffes, dessen Hauptpersonen Schäfer sind, wurde indessen bereits im letzten Drittel des 13. Jahrhunderts von Adam de la Halle vorgenommen und ist bekannt unter dem Namen: „Li Gieus de Robin et de Marion". Ursprünglich bestimmt, ein Hoffest zu verschönern, gewinnt dies Pastorale noch dadurch an Interesse, dass die Aufführung desselben mit Musik verbunden war, es also füglich als ein sehr früher Vorläufer der Schäferopern betrachtet werden könnte, welche gegen das Ende des 16. Jahrhunderts in Italien in Blüte standen.[2]

Italien war überhaupt dasjenige Land, in welchem sich die Hirtendichtung, viel früher als in Spanien und Portugal, nach dem Verfall der Poesie der Trouveres und Troubadours zuerst wieder einer ausgedehnteren und vielseitigeren Pflege erfreute. Während die ältesten, uns erhaltenen bukolischen Gedichte der Portugiesen, die Eklogen Bernardim Ribeiro's und seines Zeitgenossen Christovam Falcão in das erste Viertel des 16. Jahrhunderts fallen, das spanische Schäfergedicht aber erst von Garcilaso de la Vega, also wenige Jahre vor dem Erscheinen der „Diana" ausgebildet wurde, weist die Pastoralpoesie der Italiener in Boccaccio's „Ameto" bereits in der ersten Hälfte des 14. Jahrhunderts ein Werk von grösserem Umfange auf. So kann es eben nicht Wunder nehmen dass sie, zumal unter der Behandlung von Männern wie Sanazzaro, Bembo, später auch Tasso und Guarini, eine künstlerische Vollendung der Form und eine Mannigfaltigkeit in stofflicher Hinsicht erlangte, vermöge deren sie nicht nur die Pastourellen der nord- und südfranzösischen Dichter verdunkelte, sondern auch auf die später emporblühende Hirtendichtung der Portugiesen und Spanier von Einfluss wurde. Gleich das kurz nach den noch lateinisch geschriebenen Eklogen Petrarca's erschienene „Nimfale d'Ameto" ist in dieser Beziehung wichtig. Zum Teil bereits, was bemerkenswert ist, in Prosa abgefasst, kann dieses an Naturschilderungen reiche Schäferidyll schon recht eigentlich als Mittelglied zwischen dem Hirtengedicht und dem Schäferroman betrachtet werden. Wenigstens ähnelt es letzterem unseres Erachtens mehr, als die teilweise nach

---

[1] Vgl. *Ticknor*, „*Geschichte der schönen Literatur in Spanien*", Bd. I, S. 226, Anm. 2.

[2] Schon *Tasso's* Schäferspiel „*Aminta*", das vollendetste seiner Art, war mit Chören versehen. Andere, wie die „*Aretusa*" von *Lollio* und die „*Egle*" des *Giraldi* wurden ebenfalls schon in der zweiten Hälfte des 16. Jahrhunderts musikalisch dargestellt. Auch in Spanien, wo sich die Oper weit später Bahn brach als in Italien, war es eigentümlicher Weise eine dramatisierte Ekloge, nämlich *Lope's de Vega* „*Selva sin amor*", auf welche der erste Versuch, den Reiz der mimischen Darstellung durch die Mitwirkung der Tonkunst zu erhöhen, zurückzuführen ist. Vgl. Ticknor, Bd. II, S. 75.

seinem Vorbild gegen das Ende des 15. Jahrhunderts gedichtete „Arcadia" des Sanazzaro, die vollendetste und nächst dem „Ameto" vielleicht umfänglichste Dichtung, welche die nachclassische Schäferpoesie bis zum Erscheinen von Montemayor's „Diana" hervorgebracht hat.

Mit diesem anmutigen, durch eingelegte Prosastücke zusammengehaltenen Eklogenkranz schliesst die Reihe der hervorragenderen Denkmäler der bukolischen Poesie in dieser ersten Periode, deren Erzeugnisse vorwiegend in Form von Idyllen, Eklogen, Pastourellen und Schäferspielen, also in gebundener Rede, abgefafst sind. Nur bei den Italienern, die die Schäferdichtung, wie in Vorstehendem angedeutet, überhaupt mit vielem Glücke pflegten, zeigt sich in wenigen, vereinzelten Fällen eine ausgiebigere Verwendung der Prosa, freilich ohne dafs sie deshalb dazu gelangt wären, jenen vollkommenen Umschwung in der Behandlung pastoraler Stoffe herbeizuführen und im Schäferroman die Gattung der Hirtenpoesie zu schaffen, welche den Grund zu deren späterer Berühmtheit erst legen sollte.

Dies Verdienst blieb den Spaniern, genauer gesagt dem spanisch schreibenden Portugiesen Montemayor vorbehalten, welcher um die Mitte des 16. Jahrhunderts seine „Diana", den ersten, eigentlichen Schäferroman, in castilianischer Prosa veröffentlichte und damit eine neue Epoche der Hirtendichtung einleitete. Diese charakterisiert sich nun, im Gegensatz zu der vorigen, durch das Vorherrschen der Prosa und dadurch, dass die bukolische Poesie im Hirtenroman zu einer wirklich selbständigen, für sich existierenden Litteraturgattung erstarkte. Von Spanien ausgehend, drang sie nunmehr in ihrer neuen Gestalt über das gesamte westliche Europa vor, um in verhältnismäfsig kurzer Zeit eine Stellung, man kann wohl sagen in der Weltlitteratur, zu erringen.

So übte der Roman Montemayor's als Urheber einer Bewegung, wie sie seit dem Amadis kein anderes Erzeugnis der Romanschreibung hervorgerufen hatte, Einflüsse aus, die ihm nicht nur in der Geschichte der spanischen Litteratur eine bedeutsame Stelle sichern, die vielmehr ein weitergehendes, allgemein litterarisches Interesse für ihn in Anspruch nehmen lassen. Von diesen Gesichtspunkten erscheint es aber nicht unangebracht, das bisher nicht weiter behandelte Werk des Lusitaniers zum Gegenstand einer eingehenderen Betrachtung zu machen, der ein Versuch, das Leben des Verfassers darzustellen, vorangeschickt sei.

I. Leben Jorge's de Montemayor.

Trotz des Ansehens, dessen Montemayor bei seinen Zeitgenossen sich erfreute, trotz des europäischen Ruhmes, der sich noch lange nach dem Tode dieses merkwürdigen Mannes an seinen Namen geknüpft hielt, ist über sein Leben ein Schleier gebreitet, der durch vereinzelte spärliche Angaben und hie und da verstreute Anspielungen nur unvollkommen gelüftet wird. Montemayor teilt in dieser Hinsicht das Schicksal so vieler portugiesischer und spanischer Schriftsteller, deren Werke mit Interesse gelesen, bewundert wurden, ohne dafs man es der Mühe wert achtete, der Nachwelt mit letzteren auch eine Kunde vom Leben ihrer Verfasser zu übermitteln. Indem man sich begnügte, einen Dichter aus seinen Schöpfungen kennen zu lernen, ohne nach seinen persönlichen Verhältnissen des weiteren zu fragen, blieb es in der Mehrzahl der Fälle diesem selbst überlassen, späteren Generationen Mitteilungen zu machen, nach denen es seine Zeitgenossen kaum verlangte. Montemayor hat dies nur in äufserst beschränktem Mafse gethan; es ist nicht bekannt, dafs er aufser einem Brief an Sá de Miranda etwas hinterlassen hat, das einer Biographie ähnlich sähe oder die Absicht verriete, Anhaltspunkte zu einer solchen zu geben. Berücksichtigt man nächst diesem Mangel an eigenen und an Aufzeichnungen von Zeitgenossen, dafs er eigentlich nie ein bleibendes Heim hatte und es somit sehr erschwert ist, seinen Spuren zu folgen, so wird es wohl erklärlich, dafs die ansehnliche Zahl späterer Autoren, die Nachrichten über ihn sammelten, nicht im Stande war, eine halbwegs geordnete Darstellung vom Leben dieses ruhelosen Mannes zu geben.[1]

---

[1] Angaben über Montemayor und sein Leben finden sich bei
Diogo Barbosa Machado: „Bibliotheca Lusitana", Lisboa 1741—59. II, 809—811 und „Memorias del Rey D. Sebastião" I, 478.
Lopez de Sedano „Parnaso Español", Madrid 1768—78, IX, 38—44 der Einleitung.
Nicolas Antonius „Bibliotheca Hispana Nova", Matriti 1783, I, 539—540.
Mariano Soriano Fuertes „Historia de la Música Española" etc. Madrid und Barcelona, 1855—59. I, 111.
Innocencio Francisco da Silva „Diccionario Bibliográphico Portuguez", Lisboa 1860, IV, 173—174.
Roberto „Calendario musical para 1860", Barcelona.
Joaquim de Vasconcellos „Os Músicos Portuguezes", 1870, I, 275.
Pedro Salvá y Mallen „Catálogo de la Biblioteca de Salvá" Valencia 1872. No. 295 ff., 771, 816, 1922 etc.
Baltasar Saldoni „Diccionario biográfico-bibliográfico de Efemérides de Músicos Españoles", Madrid 1880, II, 129.
Carolina Michaëlis de Vasconcellos: „Poesias de Francisco de Sá de Miranda, edição feita sobre cinco manuscriptos ineditos e todas as edições impressas". Halle, Niemeyer, 1885: Montemayor's Brief an Mir. S. 653 ff., eine kurze Biographie des ersteren S. 848, in den Anm.
Auf die Angaben einiger hier angeführter Autoren gründen sich die dürftigen Nachrichten über den Dichter bei Ticknor, II, 199, sowie bei Simonde Sismondi „Die Litteratur des südlichen Europas" II, 160—161. Als besonders wichtig ist noch der bereits erwähnte Brief Montemayor's, eine Autobiographie, die er 1553 an Sá de Miranda richtete, hervorzuheben. Auch die „Diana" enthält einige tief versteckte persönliche Elemente, wie dies der Verfasser selbst in der Vorrede (argumento) des Romans anzudeuten scheint: „ Y en los demás (scil. libros) hallarán muy diversas historias de casos que verdadera-

Schon über die Zeit der Geburt Montemayor's fehlen alle verbürgten Nachweise, ja es bietet sich nicht einmal die Möglichkeit, dieselbe auch nur annähernd auf mehrere Jahre genau zu bestimmen. Wäre die „Diana", wie bisher vielfach angenommen, im Jahre 1542 bereits gedruckt gewesen, so hätte man die Geburt des Dichters allerdings noch „vor das Jahr 1520" zu verlegen, wie dies neben manchen Andern auch Frau C. Michaëlis de Vasconcellos in ihrem vor Jahren geschriebenen Artikel über Montemayor noch gethan hat. Da der Hirtenroman indessen, wie an anderer Stelle nachgewiesen (s. Anh. d. Buches), weit später erschienen ist, so wird obige Datierung hinfällig, und ein Zeugniss über den Dichter aus dem Jahre 1548 — das älteste, welches wir über ihn besitzen — ist alles, worauf man angewiesen bleibt, um allenfalls einen Schluss auf die Zeit seiner Geburt zu ziehen. Montemayor veröffentlichte in genanntem Jahre eine Bearbeitung des 86. Psalmen (s. S. 16, Anm. 1), auf deren Titelblatt er sich „Cantor" der Kapelle der Infantin Doña Maria nennt. Wir wissen nun zwar nicht, wie alt er um jene Zeit etwa gewesen sein kann; da er aber einerseits, wie aus dem weiter unten Bemerkten zu ersehen, als Jüngling nach Spanien einwanderte und ohne Zweifel bereits längere Zeit daselbst verweilt haben muss, ehe er der Tochter Karl's V. ein in castilianischer Sprache verfasstes Erzeugnis widmen konnte, und da andrerseits Dorantes seinen dreizehn Jahre später erfolgten Tod als einen frühzeitigen beklagt, so kann man mit gutem Rechte annehmen, das Jahr 1548 werde zwischen Montemayor's zwanzigstes und dreissigstes Lebensjahr fallen, so dass er hiernach zwischen 1518 und 1528 geboren sein müsste.

Merkwürdiger Weise ergeben letztere beiden Daten, die sich mit den Schätzungen Aelterer, so Sedano's z. B.[1], gut vereinen lassen, von andern aber insofern abweichen, als sie Montemayor's Geburt eher in das dritte als in das zweite Jahrzehnt des 16. Jahrhunderts verlegen, im Mittel für letztere genau dasselbe Jahr, welches Roberto's, d. i. Soriano Fuertes' „Musikalischer Kalender für 1860" anführt, nach dessen allerdings durch keinerlei Quellennachweis verbürgter Angabe Montemayor am 19. März des Jahres 1523 geboren sein soll.[2]

---

mente han sucedido" etc. Andere zerstreute Anspielungen endlich, die einiges Licht über sein Leben verbreiten, sind in den Werken der bukolischen Dichter Bernardim Ribeiro und Sá de Miranda enthalten. Erwähnt sei noch, dafs Anm. 2 bei *Ticknor* II, S. 199 auf Irrtum beruhen mufs, da wir Herrn Octavio de Toledo in Madrid die bestimmte Mitteilung verdanken, dafs die betreffende Ausgabe der *„Segunda parte de la Diana", Barcelona* 1614, *por Sebastian de Cormellas,* an der bezeichneten Stelle keinerlei Notiz über des Dichters Leben enthält. Wol aber wird Einiges über ihn in der Ausgabe von 1622 berichtet.

[1] *Sedano:* „*Ignórase el año de su nacimiento, y solo se deduce que pudo ser como por los de* 1520."

[2] Auch der äusserst sorgfältige Saldoni führt, auf Roberto sich stützend, in seinem „Diccionario" obiges Datum für Montemayor's Geburt an; freilich unter Ablehnung jeglicher Verantwortlichkeit.

Sicherer als über die Zeit ist man über den Ort der Geburt des Dichters unterrichtet. Wie sein Name besagt, zu dem er nach Art vieler älterer spanischer Schriftsteller den seiner Heimat wählte, war dies eines der beiden portugiesischen Städtchen Montemôr, und zwar, wie sich z. B. aus dem Briefe an Miranda ergiebt, in dem er von seiner an den Ufern des Mondego verlebten Jugend spricht,

Riberas me crié del rio Mondego (v. 70)

das an jenem Flusse gelegene Montemôr o Velho — das alte. Auch der Umstand, dass ein Teil der Handlung der „Diana" (VII. B.) in jener Gegend spielt, und der Enthusiasmus, mit welchem der Dichter sowol in seiner „Historia de Alcida y Sylvano" (Str. 9—11) als auch im siebenten Buche des Romans die Vorzüge des alten, ruhmreichen Montemôr, der *„luz de nuestra España"*, und seiner in allen Tugenden ausgezeichneten *damas* und *caballeros* hervorhebt, könnten zur Bestätigung dessen dienen.[1]

Welcherlei Umstände den Dichter bewogen, seinen Familiennamen gänzlich aufzugeben und durch den des Ortes seiner Herkunft zu ersetzen, bleibt unerfindlich, doch sei bemerkt, dafs derselbe unsres Dafürhaltens an zwei Stellen übrigens doch überliefert ist. In der Elegie, welche der zeitgenössische Francisco Marcos Dorantes auf den Tod Montemayor's dichtete (dieselbe findet sich in den meisten, nach 1562 erschienenen Ausgaben der „Diana"), hebt er die Trauer hervor, in welche derselbe eine gewisse Familie, *„los de Paiva y de Pina y su nobleza"*, versetzt habe, um gleich darauf, im Gegensatz zu letzterer, die Mitwelt (*demas gente*) aufzufordern, den *„funesto suceso"* zu beweinen. Unter dieser, wie aus Folgendem ersichtlich, in Montemayor's Heimat ansässigen, im übrigen unbekannten Familie kann aber Dorantes wohl schwerlich eine andere als die des Dichters gemeint haben, welche sein Tod in erster Linie berühren mufste, eine Annahme, die in Hinblick auf eine Stelle in der „Historia de Alcida y Sylvano" Gewifsheit zu erhalten scheint. In der achten Stanze dieses Gedichtes berichtet Montemayor, wie der Schäfer Sylvano — nach allem kein Anderer als er selbst — an den Ufern des Mondego, d. h. in Montemôr, in regem Verkehr mit der Familie der *„Pina"* gestanden (*siempre conversaba*) und sowohl deren als den Ruhm der Familie *„Paiva"* in Hirtenliedern besungen habe. Sein eigentlicher Name würde hiernach also *Jorge de (?) Paiva y Pina* gelautet haben — *y Pina* nach dem bei Spaniern und Portugiesen gewöhnlichen Brauch, den Geschlechtsnamen der Mutter neben dem des Vaters zu führen.

[1] Auskunft über *Montemôr o Velho* geben u. A. *Barbosa de Pinho Leal*: „*Portugal Antigo e Moderno*", Lisboa, V, 507—523; *Vilhena Barbosa*: „*Cidades e Villas da Monarchia Port.*" Lisboa 1860, II, 84; „*Chorographia moderna do reino de Portugal*", Lisboa 1875, III, 278. Wir haben einigen Bemerkungen über den historisch interessanten Ort eine Stelle im Anhang des Buches eingeräumt.

Nach dem von Dorantes gebrauchten Worte „*nobleza*", sowie dem Lob, das Montemayor in dem erwähnten Gedicht denen der Paiva y Pina zollt, könnte man versucht sein, auf eine vornehme Abkunft des Verfassers der „Diana" zu schliefsen, doch machen die Verhältnisse, unter denen er aufwuchs, eine solche Vermutung nicht wahrscheinlich.[1]

Zwar wissen wir über seine erste Jugend herzlich wenig, doch sagt er selbst in seiner Autobiographie, dafs er sich während derselben von wissenschaftlicher Bildung nur „sehr wenig" angeeignet habe:

De ciencia alli alcanzé mui poca parte (*v.* 73).

Was dies bei dem damaligen Stand der Wissenschaft besagen will, bedarf keiner Erläuterung; dass aber Montemayor selbst nicht einmal Latein verstanden, das in jener Zeit den ersten und hauptsächlichsten Lehrgegenstand eines nur halbwegs guten Schulunterrichtes bildete, dessen Kenntniss erst Anspruch auf wirkliche Bildung verlieh, wäre freilich schwer zu glauben, würde diese Angabe nicht durch eine Aeusserung des salmantinischen Arztes Alonso Perez, des Freundes Montemayor's, über allen Zweifel erhoben. Im Prologe seiner Fortsetzung der „Diana" drückt dieser nämlich darüber Bedauern aus, dass Montemayor's „bewundernswertes Talent" nicht durch die Kenntniss der lateinischen Literatur unterstützt worden sei, was ihn, wie er hinzusetzt, befähigt haben würde, aus ihr zu entlehnen (hurtar), nachzuahmen etc., ein Beweis, dass Montemayor des Lateinischen unkundig oder doch nicht so weit mächtig war, dass er die Schriftsteller des Altertums hätte lesen können. Dem gegenüber sei aber gleich hier bemerkt, dass er sich andere Sprachen mit Leichtigkeit angeeignet haben muss, da er das Castilianische mit gleicher Eleganz wie seine portugiesische Muttersprache handhabte, da er ferner die lemosinisch geschriebenen Werke Ausias March's übersetzte und zudem Italienisch verstand, wie z. B. daraus hervorgeht, dass er bei Abfassung der „Diana" die „Arcadia" Sanazzaro's vielfach benutzt hat. — Lag Montemayor in seiner Jugend wissenschaftlichen Studien nicht oder wenig ob, so ergiebt sich aus seinen eigenen Worten, dass er dagegen seine ganze Zeit der Musik gewidmet hatte:

En musica gasté mi tiempo todo, (*v.* 76).

Die Ansicht aber, welche er über seine ohne Zweifel bedeutende musikalische Befähigung Miranda gegenüber äussert, lässt ebenfalls unschwer erkennen, dass er in bescheidenen Verhältnissen heranwuchs, sich wol auch einen bestimmten Lebensberuf — es sei denn den des Musikers — von vornherein eigentlich nicht erwählt hatte: er betrachtete sein Talent als ein Geschenk, das

---

[1] *Manoel de Faria e Souza* sagt in einer auf ihn gedichteten Grabschrift geradezu:

Pequeno em mayor Monte em fim naceste, etc.

„*Fuente de Aganippe*", parte I, Cent. 6, Sonett 76.

ihm die Vorsehung verliehen habe, damit er sich in „irgend einer Weise" seinen Lebensunterhalt zu verdienen vermöchte,
Previno dios en mi por esta via, (v. 77—78).
„*Para me sustentar por algun modo;*"
eine Aeusserung, die deutlich verrät, dass der Dichter für seine Existenz zu kämpfen hatte und in der Hauptsache darauf angewiesen war, von seinem Verdienst als Musiker zu leben. In der Tat hat man ihn denn auch im Wesentlichen als Künstler, nicht als wissenschaftlich und classisch gebildeten Humanisten anzusehen. Trotz seiner Vorliebe für die Pflege der Tonkunst begann er jedoch schon frühe, auch sein poetisches Talent zu üben und seine musikalischen Kenntnisse zur Komposition selbstverfasster Gedichte zu verwerten[1], wiewol er sich vom Versemachen keine besonderen Erfolge versprochen zu haben scheint; nicht, weil es ihm an Begabung gemangelt hätte, sondern weil, wie er selbst sagt, die Zeit vorüber war, in der die Dichtkunst hochgehalten wurde:

No se fió (scil. Dios), señor, de la poesia, (v. 79—81).
Porque vió poca en mi, i aunque mas viera,
Vió ser pasado el tiempo en que valia . . . .

— eine Anspielung, die ohne Zweifel auf die glänzende Regierung des kunstsinnigen Manoel des Grossen (1495—1521) geht.

Der Schauplatz, auf dem der Dichter seine Jugend verlebte, wo er mit Anderen im Verein der Musik und Poesie nachhing und als ächter Portugiese auch schon einmal der Macht der Liebe unterlag, waren die Ufer des Mondego, das nahe Fermoselha,[2] welches auch in der „Diana" eine Rolle spielt, und Coimbra, wo er sich in der Zeit der Restauration der Universität (1537) vorübergehend aufgehalten haben muss[3].

El rio de Mondego i su ribera (v. 82—85).
Con otros mis iguales paseava,
Sujeto al crudo amor i su bandera.
Con ellos el cantar exercitava etc.

Nach der Meinung Herrn Theophilo Braga's, der für Montemayor's Geburtsjahr das Jahr 1521 annimmt (*Historia de Camões*

---

[1] Wir entnehmen dies der Schilderung, welche Montemayor auf den ersten Seiten der „Diana" unter der Maske des Schäfers Sireno von seiner Jugend giebt, wo er von seiner geliebten *zampoña* (Sackpfeife) spricht, „*al son de la cual componia los dulces versos, con que de las pasturas de toda aquella comarca era loado*". „Diana" Bl. 10b. Wir citieren in allen Fällen nach der Ausg. v. J. 1586, Madrid, Sanchez.
[2] *Carolina Michaëlis: Ahi e em Fermoselha passou a sua primeira juventude.*
[3] Coimbra wird nicht nur im VII. B. der „Diana" hochgepriesen, auch die V. Ekloge Ribeiro's, ein Zwiegespräch desselben mit Montemayor, der unter dem Namen Agrestes verborgen ist (vgl. Theophilo Braga, „Bernardim Ribeiro e os Bucolistas", S. 76—77), enthält eine deutliche Anspielung auf die Erinnerungen, die sich für letzteren an diesen Ort knüpfen. Nachdem zuvor des Mondego gedacht worden, fährt Agrestes fort:

pag. 68: *Monte-Mór nasceu pouco menos de tres annos antes de Luiz de Camões*), hätte zu den „*iguales*", mit denen letzterer sich dort im Singen und Dichten übte, auch Camões gehört, der in und um Coimbra, wie in einigen seiner sonetos und canções berichtet wird, in ähnlicher, ungebundener Weise seine Jugend verlebte.[1] Zieht man aber in Betracht, dafs Montemayor an der betreffenden Stelle seiner Biographie von einer Zeit spricht, in der er sich bereits mit Glück im Dichten versucht hatte, auch schon irgend einer schönen Schäferin den Hof machte, nach Allem also in vorgeschrittenerem Alter stand, während bei Camões, der von dergleichen übrigens nichts erwähnt, nur die Zeit bis zu seinem dreizehnten Lebensjahre in Betracht kommen kann, so ist an eine Jugendfreundschaft zwischen ihm und dem Verfasser der „Diana" kaum zu denken.

Allem Anschein, aller Überlieferung und allen seinen Selbstbekenntnissen nach hat Montemayor auch die Hochschule in Coimbra, an der Camões seit 1537 studierte, nie besucht. Vielmehr mufs eben in jenen Jahren ein Wendepunkt im Leben des Dichters eingetreten sein, der seinem bisherigen sorgenlosen Dasein ein Ende machte. Wie er selbst sagt, sah er die Zeit herangekommen, seinen Lebensunterhalt zu suchen,

> *Aquella tierra fue de mí querida,* (v. 88—90)
> *Dejé la, aunque no quise, porque veia*
> *Llegado el tiempo ia de buscar vida.*

ein Umstand, der ihn sehr gegen seinen Willen nötigte, das „geliebte" Vaterland zu verlassen und nach Spanien auszuwandern:[2]

> *Para la gran Hesperia fue la via* (v. 91)

Dafs Montemayor nach seiner Ankunft daselbst Kriegsdienste genommen, wie die Tradition es will[3], nach der er noch jung an Jahren in den Niederlanden gekämpft haben soll, ist positiv zwar nicht erwiesen, auch findet sich in seiner Selbstbiographie keine Anspielung hierauf; es wird aber wahrscheinlich in Hinblick auf zwei Sonette[4], nach denen er einst mit einem spanischen Heere in's Feld zog und in der That einmal in Flandern gewesen ist,

Estes ares são mortaes   *É lembrar-me os sinceiraes*
E o que mais me desbarata,   *De Coimbra, que me mata.*
E dá dôres deseguaes,   Strophe 34.

[1] Als Beispiel sei das 133. Sonett (*Doces e claras águas do Mondego, Doce repouso de minha lembrança etc.*), besonders aber canção IV angeführt:
Vão as serenas águas   *N'esta florida terra*
Do Mondego descendo,   *Leda, fresca e serena,*
E mansamente até ao mar não param;   *Ledo e contento para mi vivia etc.*

[2] Derartige Auswanderungen portugiesischer Künstler nach Spanien waren keineswegs selten, wie das Beispiel B. Ribeiro's, Gregorio Silvestre's u. A. beweist. Vgl. Th. Braga, „Bernardim Ribeiro e os Bucolistas", S. 82.

[3] C. Michaëlis de Vasconcellos: „Sahiu cedo da patria . . . Diz-se que se alistou nos terços hespanhoes que então militavam nos Paizes-Baixos."

[4] S. Obras, ed. 1588, Bl. 56: „Soneto partiendo-se para la guerra", und Bl. 57: „Soneto yendose el Autor a Flandes".

sowie auf eine freilich durch keinerlei Quellenangabe gestützte Äufserung Soriano Fuertes', nach der Karl V. unseren Dichter immer an seiner Seite hatte, „*tanto por ser gran composidor y cantor de sus mismas poesias, cuanto por valeroso e inteligente soldado*." Wiewohl fast bei allen Biographen Montemayor's dieser seiner ersten militärischen Dienste Erwähnung geschieht, so findet sich, wenn überhaupt, doch nirgends eine andere Angabe, als dafs dieselben noch in seine Jugend fallen, und in der That weist alles darauf hin, dafs wir sie noch vor das Jahr 1548 zu verlegen haben würden, wo die Periode seines litterarischen Schaffens beginnt und von wo ab wir seinen Spuren einigermafsen folgen können. Da Karl V. im Jahre 1539 an der Spitze eines spanischen Heeres nach Flandern zog, um die aufständischen Bewohner der Stadt Gent zu züchtigen, ein Unternehmen, welches im folgenden Jahre beendet war, so legen die oben angeführten Thatsachen die Vermutung nahe, dafs dies der Kriegszug gewesen sein könnte, an dem Montemayor Teil nahm. In diesem Falle könnte er recht gut schon damals dem Kaiser bekannt geworden sein, da wir ihn einige Jahre später (1548) bereits in der bevorzugten Stellung eines Musikers am castilianischen Hofe wiederfinden, wo er Dank seinen hervorragenden musikalischen Leistungen eine Anstellung als Sänger in der Kapelle der Infantin Doña Maria gefunden hatte, der älteren Tochter Karls, welche im *Canto de Orfeo* („Diana" IV. B.) an erster Stelle, als die grofse Königin Böhmens und Oesterreich-Ungarns, als „*luz de España*" gefeiert wird.[1]

Über die Art und Weise, in der ein solcher Hofsänger seines Amtes waltete, giebt Miranda in seiner Antwort auf den Brief Montemayor's eine Andeutung (v. 148—150), der wir wenigstens so viel entnehmen, dafs derselbe unter Begleitung von Musikinstrumenten (Miranda erwähnt eine Art von Guitarren — *vihuelas*) zum Ergötzen des Hofes Lieder vortrug, die gröfstenteils wohl von ihm selber gedichtet und in Musik gesetzt waren. Dafs Letzteres bei Montemayor wenigstens der Fall war, geht aus der schon citierten Angabe Soriano Fuertes' hervor, der in seinem Werke über die spanische Musik auch einen von Montemayor komponierten Text aus der „Diana" mitsamt den Noten hat abdrucken lassen.[2]

---

[1] *Barbosa Machado*: „*Nos seus primeiros annos foy dos celebres Cantores da Capella Real de Castella, não somente pela melodia da voz, mas pela singularidade do estilo*".

Wie früher erwähnt, veröffentlichte Montemayor im Jahre 1548 eine „*Exposicion moral sobre el psalmo LXXXVI del real propheta David, dirigido a la muy alta y muy poderosa señora la infanta doña Maria por George de monte mayor, cantor de la capilla de su alteza*". Am Schlufs: „*primero del mes de Março del año de MDXLVIII*". 4⁰. S. Salvá No. 295.

[2] Es ist dies der im V. B. des Romans stehende Klagegesang Diana's, beginnend: „*Cuando yo triste naci*". Bei Fuertes findet er sich, eigentümlicher Weise in französischer Übersetzung, unter der Überschrift: „*Lamentos de Diana, en la Diana de Montemayor, traduccion francesa, música de Montemayor*" in Bd. III, plana 15, No. 8. (*Destin dont je sens les rigueurs etc.*)

Nach einer Äufserung zu urteilen, die unser Dichter in seinem Hirtenromane thut (Bl. 10^b: *no le pasava por el pensamiento la diligencia y codicias del ambicioso cortesano etc.*), wo er mit Bitterkeit der „Habsucht des ehrgeizigen Höflings" gedenkt, des „Dünkels der Dame, die ihr Ansehen nur dem Votum ihrer blind ergebenen Anbeter verdankt", und der „Rücksichtslosigkeit des hochmütigen Günstlings", mag der bescheidene Montemayor in seiner neuen Umgebung sich freilich wenig genug behaglich gefühlt haben. Dafs es ihm aber bereits in jener Zeit an einem hochstehenden Gönner nicht gebrach, beweist die, schon in der ältesten valencianischen Ausgabe der „Diana" stehende, an den „illustren S. Don Juan de Castella de Vilanova" gerichtete Widmung des Buches. Der Dichter bittet darin seinen „Mäcen", das Werk so aufzunehmen wie seiner Zeit den „fremden" Verfasser, was anzudeuten scheint, dafs Vilanova ihm bei seinem ersten Fortkommen in Spanien behilflich war.

In diese Zeit, sicher aber noch in die Jahre vor 1549 mufs nun auch der Verkehr fallen, den Montemayor mit dem berühmten Bukoliker Bernardim Ribeiro, der das Vaterland einer unglücklichen Liebe halber verlassen hatte, vorübergehend unterhielt. Dafs diese persönlichen Beziehungen der beiden Dichter noch in die Zeit vor 1549 zu verlegen sind, ergiebt sich daraus, dafs Ribeiro in genanntem Jahre aus Spanien nach Portugal zurückkehrte (s. *Th. Braga, „Bernardim Ribeiro e os Bucolistas* S. 124"; dafs sie überhaupt statt hatten, schliefsen mit Th. Braga auch wir aus der schon erwähnten fünften Ekloge Ribeiro's, wiewohl wir, abweichend von dem genannten Kritiker, durchaus nicht der Ansicht sind, dafs unter der Schäferin, über deren Hartherzigkeit der nach dem Mondego sich sehnende Agrestes (d. h. Montemayor) daselbst Klage führt, bereits die Diana des Hirtenromans zu verstehen sei.

Der einzige Grund, der Braga zu letzterer Annahme bewog ist der, dafs die in der Ekloge erwähnte Schäferin dem Agrestes untreu geworden. So wenigstens legt er die Verse aus:

Fez-se senhora de mi   *A qual tinha outros amores*
Sem me querer ser senhora: *Segundo depois senti etc.*

Müfste nun hieraus auch wirklich auf eine Untreue der Betreffenden geschlossen werden, so zwingt doch nichts, in letzterer gerade Diana zu erblicken, da wir bestimmt wissen, dafs Montemayor Andere vor Diana geliebt hat; zudem geht aber, wie aus dem ganzen Gedicht, so auch aus obigen Versen eher hervor, dafs die Liebe des Agrestes überhaupt unerwiedert geblieben war, was auf Diana, wie wir später sehen werden, ebenso wenig pafst, als die Worte: *a qual tinha outros amores.* Auch der Umstand, dafs Agrestes wiederholt eine tötliche Eifersucht („*o ciume es que me mata*") als Hauptquell seiner Leiden bezeichnet, macht Braga's Annahme durchaus unwahrscheinlich, denn Diana verheiratete sich,

noch ehe Montemayor von ihrer Untreue erfahren hatte; man kann
sich aber unmöglich denken, wie ein Mensch dem Gemahl seiner
früheren Angebeteten gegenüber von Eifersucht reden sollte. Dazu
kommt endlich noch drittens, dafs Diana eine Spanierin war,
während wir die Schäferin und den Schauplatz der ersten Liebes-
leiden des Agrestes augenscheinlich in Portugal zu suchen haben,
wie übrigens auch Braga annimmt. Dies und der Umstand, dafs
Montemayor in der Ekloge als noch im Jünglingsalter stehend dargestellt wird,

„*Assim com pena crescida* „*Acho-me cheio de enganos*
Passo minha mocidade, *N'elles vejo acabar*
Assim se vae minha vida" *etc.* *O melhor de meus bons annos*".

dafs aber trotzdem bereits lange Jahre seit dem Beginn seiner
unglücklichen Liebe verflossen sind,

Longos tempos ha que vi — uma fermosa pastora etc.

lassen uns annehmen, dafs es sich in dem betreffenden Gedicht
um eine Jugendliebe Montemayor's handelt, die noch in die Zeit
vor seiner Auswanderung nach Spanien fällt; vielleicht um dieselbe,
auf die er in seinem Briefe anspielt, wenn er sagt, dafs er bereits
im Lande seiner Heimat die Macht des „grausamen" Liebesgottes
empfunden habe. (s. v. 84 und 86—87). — Soviel über die Beziehungen von Ribeiro's Ekloge zum Leben Montemayor's.

Von ungleich gröfserer Bedeutung als die Freundschaft mit
letzterem, die für die Entstehung der „Diana" vielleicht von Wichtig-
keit wurde, war für das fernere Leben unseres Dichters der Umstand, dafs er in Spanien, und zwar, wie es scheint, eben am
Hofe von Kastilien [1], d. h. in Valladolid, die Geliebte kennen lernte,
die wie eine Gottheit ihn fortan zu seinen schönsten Gesängen
begeistern, deren Andenken in seinem Hirtenroman Unsterblichkeit
erhalten sollte.

J ado [*scil.* Hesperia] *senti que amor hiere i porfia.* (*v.* 93).
. . . .
A mi Marfida vi mas i mas bella (*v.* 97—98).
Que quantas nos mostró naturaleza etc.

Ist diese Dame, die in den lyrischen Gedichten seines 1554
erschienenen Cancionero's unter dem Namen Marfida gefeiert wird,
mit der Titelheldin des Schäferromans nun aber auch wirklich ein

---

[1] In dem Gedicht, welches den Abschied der beiden Liebenden schildert
(„Diana" II. B. *Al partir llama etc.*), äufsert Montemayor, dafs er der ihm
bevorstehenden Reise zwar entgehen könne, wenn er seinen Gebieter ver-
lasse; dies wolle er aber nicht thun, weil er damit seiner Liebe ein Hinder-
nis bereite („*no conviene á nuestro amor*"), da er die Geliebte dann nicht mehr
sehen könne, ohne sie bloszustellen (*de qué manera podré venir sin tu daño?*),
auch würde er damit den Beweis liefern, dafs er sein Sinnen auf sie gerichtet
habe und so ihren Ruf schädigen (*vengo á vender tu fama*). Hieraus scheint
hervorzugehen, dafs Diana eine recht exponierte Stellung einnahm, wohl auch,
dafs ihr Verhältnis zu dem Dichter ein geheimes war.

und dieselbe Person? — Man würde mit dieser Annahme in mancherlei unlösbare Widersprüche geraten und müfste grofse Zweifel in ihre Richtigkeit setzen, wäre der Roman noch vor dem Cancionero oder der Abfassung des Briefes an Miranda (1553) erschienen, in welchem Marfida als ein „*mar de perfecion i gentileza*" (v. 100), ja als eine „*suma leallad de fe i de firmeza*" (v. 102) gepriesen wird. Da die erste Ausgabe der „Diana" aber nicht vor 1558 oder Anfang des nächsten Jahres veröffentlicht wurde, so kann obige Frage ohne Bedenken und glücklicherweise bejaht werden — glücklicherweise, denn wir werden hierdurch in Stand gesetzt das Dunkel zu lichten, welches über der Zeit von Montemayor's Liebesverhältnis zu Diana und seiner einjährigen Abwesenheit[1], die dasselbe zum Scheitern brachte, bisher geschwebt hat.

Rechnet man für die Zeit, die der Dichter brauchte um den Roman abzufassen und nach eingeholter Genehmigung drucken zu lassen, zum Mindesten zwei Jahre, so mufs letzterer um das Jahr 1556 begonnen worden sein. Da die „Diana" aber zu einer Zeit verfafst wurde, wo Montemayor's Leiden, das sie unmittelbar eingab, noch in seiner ursprünglichen Schwere und ungeschwächt auf ihm lastete, so konnte er, als er um 1556 Hand an's Werk legte, seine Liebestäuschung sicher noch gar nicht lange erst erfahren haben. Im Jahre 1553 spricht er nun noch von Marfida mit Sehnsucht und in Ausdrücken glühender Liebe in seinem Briefe an Miranda, der, ebenso wie des letzteren Antwortschreiben, unmöglich daran denken läfst, dafs ihm Marfida damals schon untreu geworden sein sollte; 1554 kehrte er von Portugal, wo er sich, wie wir weiter sehen werden, etwa ein Jahr lang aufgehalten hatte, nach Spanien, dem Heimatslande Marfida's, zurück, um auch dieses schon nach kaum zwei Monaten wieder zu verlassen. Wäre Marfida nun wirklich eine andere als Diana gewesen, so hätte er in eben jenen zwei Monaten diesem seinen Abgott untreu werden und sein Verhältnis zu Diana anknüpfen müssen; dies ist aber eine Zumutung, die einem Manne wie Montemayor gegenüber jede Erwägung überflüfsig macht — Marfida **mufs** identisch mit Diana sein.

Was diese Dame selbst nun des Näheren betrifft, so ist nichts über sie bekannt als dafs sie, wie Lope de Vega in einem seiner Dramen mitteilt, aus Valencia de Don Juan, nahe bei Leon, stammte, eine Nachricht, die mit der Angabe des anscheinend genauer unterrichteten Sedano, der sie als „vornehme Dame" bezeichnet, übereinstimmt.[2] Letzterer fügt auch hinzu, dafs Nachkommen ihrer Familie angeblich noch zu seiner Zeit, also gegen das Ende des

---

[1] Argument der „Diana": *El cual (scil. Sireno) veniendo despues de un año de ausencia .... supo antes que llegase como era ya casada.*

[2] Lope de Vega, „Dorotea", in den Obras Sueltas, Madrid 1777; VII. Bd., Akt II, Sc. 2, S. 84: „*La Diana de Montemayor fué una dama natural de Valencia de Don Juan, junto á Leon*". Sedano: *Tenemos unos fundamentos para creer que la Diana fué efectivamente una dama principal del Reyno de Leon*".

vorigen Jahrhunderts, gelebt haben sollen. Diesen, wie man sieht, höchst dürftigen Nachrichten gegenüber erscheint es nicht unangebracht, an dieser Stelle noch ein bei Manoel de Faria e Souza (*Lusiadas de Camoens ... comentadas*; *Madrid* 1639, *II, canto IV*, Note zu Octave 102) berichtetes Vorkommnis mitzuteilen, das ebenfalls einiges Licht über die Geliebte Montemayor's verbreitet und das um so glaubhafter scheint, als es auch der gelehrte Hieronymit Gines Sepúlveda erzählt, dessen Darstellung wir folgen (*Historia de varios sucesos II, cap.* 12): „Als Philipp III. mit seiner Gemahlin Margarethe im Jahre 1602 auf der Rückreise von Leon nach Valladolid in Valencia de Don Juan Aufenthalt nahm, hörte er vom Marquis de las Navas, seinem Majordomus, dafs man ihn im Hause jener berühmten Frau untergebracht habe, die Jorge de Montemayor unter dem Namen Diana so sehr gefeiert hatte. Das Königspaar wünschte dieselbe zu sehen und begab sich mit dem gesamten Hofstaat zu ihr: sie war eine sehr gebildete, höfliche und kluge Frau, zudem die Begütertste und Reichste im Orte, und obgleich sie dem Anschein nach e i n i g e sechzig Jahre zählen konnte, so bewahrte sie doch noch immer Spuren, die erkennen liefsen, wie schön sie in ihrer Jugend gewesen sein mufste. Ihr Name war Anna (*Ana*), und das Königspaar befragte sie mit Interesse und Neugier nach der Ursache und den Einzelheiten ihrer einstigen Liebe, was sie Alles in sehr anmutiger und höflicher Weise beantwortete, so dafs sie von der Königin beim Abschied mit vielen und kostbaren Geschenken bedacht wurde".

Um nun zunächst über des Dichters Liebesverhältnis zu Diana Einiges zu bemerken, so war dasselbe, nach allen seinen Aussagen, bis zu seinem Weggang von Spanien ein durchaus zärtliches, auf beiderseitiger Neigung beruhendes, wofür aufser den im Argument des Romans gegebenen Hinweisen (*esta*, d. h. *Diana, quiso y fué querida en estremo de un pastor etc.*) sein Brief an Miranda (*Que io fui vencedor siendo vencido, v.* 105), vor Allem aber das Gedicht sprechen, in dem im Roman der Abschied der beiden Liebenden geschildert wird (II. B., „*Al partir llama etc.*"). Auch eine der Elegien Montemayor's, die mit den Worten beginnt „*Quien movera una lengua desdichada*" (sie findet sich z. B. in der Fortsetzung der „Diana" von Perez, ed. 1585), giebt in anziehender Weise manche kleine Einzelheiten über seinen Umgang mit Diana. Dafs sein Glück im Ganzen aber nur von kurzer Dauer gewesen, beweist ein Brief, (ibid.), den Montemayor auf dem Rückweg nach Spanien, bereits von schlimmen Ahnungen erfüllt, an die Geliebte sandte:

> *Ya pienso se acabó mi claro dia*
> *Y del principio al cabo uvo muy poco,*
> *Mas quando duró mucho una alegría?*

Der Arme sollte sich in seinen bangen Vorahnungen nur allzu wenig getäuscht sehen. Ehe er noch den Gegenstand seines Hoffens und Sehnens wieder erblickt hatte, vernahm er bereits unterwegs, dafs Diana sich auf Drängen ihres Vaters und der Verwandten vermählt hatte, und zwar, wie wir aus dem Romane wissen, mit einem Manne, der wohl grofse Reichtümer, nicht aber ihre Liebe oder irgend welche besonderen persönlichen Vorzüge besafs, die ihn des Besitzes dieser schönsten und tugendhaftesten unter den Schäferinnen würdig gemacht hätten.

Es bliebe nun noch kurz zu erörtern, was unter Montemayor's einjähriger Abwesenheit von Spanien — wie er selbst sagt, der Hauptursache seines Unglücks — zu verstehen ist, und in welche Zeit wir seinen persönlichen Verkehr mit Diana zu verlegen haben. Wie an anderer Stelle ausführlicher dargethan (s. Anh. d. Buches), mufs Diana nach der oben wiedergegebenen Erzählung Sepúlveda's um 1535 geboren sein. Etwa ein und zwanzig Jahre später, nämlich um 1556, begann Montemayor nach einjähriger Trennung von ihr den Roman zu schreiben; sein Umgang mit Diana wäre also noch vor deren zwanzigstes Lebensjahr, oder in die Zeit zwischen 1555 und 1550 etwa zu verlegen. Da nun aber unter einer einjährigen Abwesenheit des Dichters innerhalb dieser wenigen Jahre nichts als sein vorübergehender Aufenthalt in Portugal verstanden werden kann, von dem sogleich die Rede sein wird, so bleibt gar nichts anderes übrig, als für sein Verhältnis mit Diana, das, wie wir wissen, von nur kurzer Dauer war, die letzte Zeit vor Dezember 1552 anzunehmen, wo Montemayor sich für allerdings etwas mehr als ein Jahr von Spanien wegbegab, wie aus der weiteren Darstellung seiner Schicksale ersichtlich wird, zu der wir nunmehr zurückkehren.

Nach der im Jahre 1548 zu Valladolid vollzogenen Vermählung der Infantin Maria mit Maximilian II. von Österreich fand Montemayor eine zweite Gönnerin in der kunstliebenden Prinzessin Doña Juana, der jüngeren Tochter Karls V., die im Gesang des Orpheus gleich nach Maria verherrlicht wird. Dieser Thatsache geschieht wieder in dem Briefe an Miranda Erwähnung, und zwar in Worten, die um so eher verdienen hier angeführt zu werden, als sie für die grofse Bescheidenheit zeugen, mit der der Verfasser der „Diana" von sich dachte (v. 112—117):

En este medio tiempo la estremada
De nuestra Lusitania gran princeza
En quien la fama siempre está ocupada,
Tuvo, señor, por bien de mi rudeza
Servir se, un bajo ser alevantando
Con su saber estraño i su grandeza.

Auch seine neue Beschützerin vermählte sich indessen bald darauf, nämlich gegen Ende des Jahres 1552, wo sie die Gemahlin des portugiesischen Kronprinzen Dom João (Sohn Johanns III. und Vater Sebastians) wurde und diesem von Kastilien nach Portugal folgte. Jedenfalls geschah es anläfslich dieser Verbindung, dafs Montemayor, welcher schon vorher in das Haus der Prinzessin auf-

genommen worden war, in ihrem neugegründeten Hofhalt ein Amt
erhielt; sie machte ihn zu ihrem apousentador oder Reisemarschall,
eine Stellung, in der der Dichter ein monatliches Gehalt (*mezada*)
von 40 milreis bezog[1] und in welcher er ihr im Dezember 1552
an den Hof nach Lissabon folgte.

Wie wenig indessen das Leben und Treiben an letzterem der
melancholischen Gemütsstimmung Montemayor's, der von der Sehnsucht nach Marfida und wohl noch anderen Liebesschmerzen ge-
quält wurde, zusagte, geht ebenfalls wieder aus dem vielfach erwähnten Briefe hervor, den er eben nunmehr vom Hofe aus an
Sá de Miranda richtete[2] (v. 118—123; v. 126; v. 129):

> *En cuia casa estoi ora, pasando*
> *Con mi cansada musa ora en esto,*
> *Ora de amor i ausencia estoi quejando,*
> *Ora mi mal al mundo manifiesto;*
> *Ora ordeno partir me, ora me quedo;*
> *En una hora mil vezes mudo el puesto;*
> . . . .
> *Ora querria morir me i nunca puedo.*
> . . . .
> *Enfin me hallo tal que desespero.*

Von den Qualen einer leidenschaftlichen Liebe gefoltert, vollkommen
unschlüssig und ratlos in Betreff seines ferneren Verbleibens am
Hofe, unzufrieden mit sich selbst und von trüben Todesgedanken
erfüllt, muſs sich der Dichter zu jener Zeit in einer im wahren
Sinn des Wortes trostlosen Gemütsverfassung befunden haben. Die
Antwort, welche ihm Miranda in einem längeren, gleichfalls in Form
von Terzinen verfaſsten Briefe giebt (bei Frau Carolina Michaëlis
de Vasconcellos auf S. 454, Carta VII.), macht die tiefe Miſs-
stimmung Montemayor's und seinen Wunsch, sich von Portugal
wegzubegeben, einigermaſsen erklärlich.

Nachdem Miranda ihn gebeten, seinen Weggang noch zu ver-
zögern (v. 126), rät er dem Dichter, am Hofe „wo die Miſsgunst
in altbekannter Weise gedeihe" (v. 144), auf den Schutz der er-
habenen Fürstin zu bauen (v. 136 ff.); funkelndes Gold, gleichviel
woher es genommen, öffne zu Allem den Weg, mehr als Eisen
(v. 157 ff.); die Musen, die endlich sich doch desjenigen annehmen

---

[1] Diese von Frau Carolina Michaëlis zuerst erwähnte Einzelheit gründet
sich auf eine Angabe Don Antonio Caetano's de Souza: „*Provas da historia
genealogica da casa real portugueza*" etc., Lisboa 1744, III, 75: *Memoria das
pessoas que vieram com a Princeza D. Joanna*. In dem daselbst gegebenen
Verzeichnis ihrer apousentadores heiſst es u. A: „*Jorge de Montemayor, tem
por meu apousentador outro tanto* (scil. 30 milreis de ordenado) *e maes lhe
hão de dar dez mil reis para ajuda de custo por alvará meu a parte, que
dando-lhe sstisfaçam d'elles os não aja d'ahi em diante, e he todo o que ha
de haver corenta milreis*".

[2] Miranda, der bei Dom João in hohem Ansehen stand, lebte zu jener
Zeit vom Hofe zurückgezogen auf seinem Landhaus am Minho. Vgl. Th. Braga
„Historia de Camões, I, 184.

würden den sie so sehr liebten, liefsen sich aber am Besitze des Notwendigen genügen u. s. f.

Hieraus scheint hervorzugehen, das Montemayor, wie auch in seinem Briefe angedeutet wird[1], sein Talent bei Hofe nicht recht zur Geltung zu bringen vermochte, dafs er von Neidern umgeben war, vielleicht denselben, die in der Geschichte des Camões eine traurige Rolle spielen, sowie endlich, dafs auch seine äufseren Verhältnisse keineswegs glänzende waren — Alles Umstände, die neben der Sehnsucht nach der Geliebten seinen Wunsch zur Rückkehr nach Spanien wohl erklärlich machen. Ehe derselbe indessen zur Ausführung gelangte, wird der Dichter vorübergehend noch in Beziehungen zu seinem gröfsten Landsmanne, Luiz de Camões, getreten sein, der, 1550 aus Afrika zurückgekehrt, bis zum Jahre 1553, bei Hofe gering geschätzt, in Lissabon weilte. Etwas Positives läfst sich über den Verkehr der beiden Männer nicht sagen, auch verdanken wir Frau Carolina Michaëlis die Bestätigung unserer eigenen Nachforschungen, wonach sich in der Lyrik des Camões irgend welche Anspielungen auf Montemayor bestimmt nicht finden. Dennoch läfst sich kaum annehmen, dafs der Verfasser der „Diana" Camões nicht in- und aufserhalb der serões[2] gesehen und Verbindungen mit ihm angeknüpft haben sollte, was auch Herr Th. Braga für wahrscheinlich hält (Historia de Camões S. 191), was aber mit Sicherheit aus einer Anekdote José Supico's (ibid. S. 191) hervorzugehen scheint. Montemayor wird in derselben dargestellt, wie er unter den Fenstern des königlichen Palastes an der Ribeira im Gespräch mit Camões in geistreicher Weise eine Bitte um Freilassung improvisiert.

Dem Einflufs des genialen Sängers der Lusiaden wäre es jedenfalls zuzuschreiben, dafs Montemayor, wie Craesbeck im Prologe seiner Ausgabe der „Diana" vom Jahre 1624 sagt: *„determinava de escrever em verso O Descobrimento da India Oriental; mas a morte que logo lhe sobreveiou lhe atalhou este intento",* dafs er also den Entschlufs fafste, die Entdeckung Ostindiens poetisch zu verherrlichen, woran indessen der Tod ihn hinderte. — Gewifs mochte die feindselige Art, in der man Camões am Hofe behandelte, wo die Kabale mittelmäfsiger Dichter, wie Caminha, Jeronimo Corte Real und Anderer herrschte, sowie der humanistische Pedantismus, dem Montemayor fremd war, unseren Dichter mit immer gröfserem Widerwillen vor dem Palastleben erfüllt haben, als plötzlich ein unvorhergesehenes Ereignis seinen längst gehegten Entschlufs zur That machte. Am 2. Januar des Jahres 1554 starb

[1] *Comigo se estrechó* (scil. *fortuna*), *i no se mueve* (v. 58 –60).
 A me subir a mas que a un cierto grado.
 I a me pasar de alli iamas se atreve.
[2] *serões* (richtiger *serãos*), unregelm. Plural von *serão*, vom lat. *seranus*. *Serão* (Nbf. *sarão* und *sarao*) bedeutete ursprünglich jede am Abend ausgeführte Thätigkeit, dann besonders die Abendgesellschaften am Hofe der portug. Könige, in welchen Dichter ihre Gelegenheitspoesien zum Besten gaben.

Dom João, und nun kehrte Montemayor mit der Witwe des Fürsten, in deren Gefolge er nach Portugal gekommen war, im Mai desselben Jahres von Lissabon an den kastilischen Hof zurück.[1] Wir wissen, welche schmerzliche, vernichtende Kunde ihm auf dem Wege dahin wurde. Da die erste Ausgabe seiner Werke, d. h. sein Cancionero, noch João und dessen Gemahlin Juana, seiner bisherigen Herrin und Gönnerin, gewidmet ist, so mufs er dieselben bereits 1553 in Druck gegeben haben; freilich erschienen sie erst nach João's Tode, nämlich im Laufe des Jahres 1554 (s. Salvá, No. 295).

Über die Schicksale Montemayor's in den Jahren zwischen 1554 und 1559, in welche die Abfassung der „Diana" fällt, läfst sich etwas unumstöfslich Sicheres nicht sagen, doch scheint nach der Angabe Sedano's und des Nikolas Antonius, der auch Frau C. Michaëlis Glauben schenkt[2], doch soviel festzustehen, dafs der Dichter in eben jenen Jahren Philipp II. auf dessen Reise nach England und den Niederlanden begleitete, d. h. auf einer Expedition, bei welcher der Infant neben der Blüte des kastilischen Adels auch auserlesene Musiker in seinem ungeheuren Gefolge mit sich führte (Sedano). Falls Montemayor, wie anzunehmen, zu letzteren als „*musico en cas del Rey*" gehörte und als solcher an Philipp's Person gebunden war, so würde er dann nach kurzer, ein bis zwei Monate langer Rast am Hofe in Valladolid am 13. Juli 1554 in Philipp's Gefolge zunächst nach England abgereist sein, wo in der That mehrere spanische und portugiesische Dichter in der Umgebung des Infanten weilten[3]; ob er seinem königlichen Herren auch nach den Niederlanden (Brüssel) folgte, in welchem Falle die ganze „Diana" im Ausland geschrieben wäre, ist nicht zu erweisen; er müfste dann im September des Jahres 1559 mit Philipp nach Spanien zurückgekehrt sein. Dafs er in genanntem Jahre wieder im Pyrenäenlande war, ist sicher, ja aus einer Mitteilung Craebeck's, die sich an der schon bezeichneten Stelle von dessen Dianaausgabe findet, geht hervor, dafs sich der schnell berühmt gewordene Verfasser der „Diana" sogar schon um jene Zeit einer grofsen Popularität daselbst und eines bedeutenden Ansehens bei Hofe erfreute.[4]

---

[1] *Carolina Michaëlis: ... a morte do Principe D. João lhe restituiu a libertade, voltando com a Princeza para Hespanha.*

[2] *(ibid.) ... Seguiu depois com Felipe II. para a Inglaterra* (1555), *Paizes-Baixos e Italia etc.*

[3] Im Cancionero General von 1557 findet sich am Schlufs eine Anzahl anonymer Gedichte unter der Rubrik: *Siguen-se ciertos Sonetos, Coplas y Canciones nuevos hechos en la ciudad de Londres, en Inglaterra, año MDLV, por dos cavalleros cuyos nombres se dexan para mayores cosas; con ciertas obras de otro autor, cuyo nombre tambien se reserva.* Unter diesen Gedichten, deren eines ein port. Mote hat, findet sich u. A. eine Psalmenbearbeitung (No. 303 der Neuausgabe), die unserm Dichter wohl zugeschrieben werden könnte.

[4] „*Chegou a vêr cinco impressões da sua „Diana", sendo tão geralmente estimada e valida, que não havia casa onde se não lêsse, rua onde se não cantassem os seus versos, nem conversação onde se não engrandecesse o seu estylo; desejando toda a pessoa por authorisada que fosse, de têr particular conhecimento de seu auctor*".

Als Beweis für die Ehre, die dem Dichter an letzterem gezollt wurde, führt Craesbeck in's Besondere den Umstand an, dafs ihm die Herzogin von Sesa Zutritt in die Abendgesellschaften (*merendas*) gestattete, welche sie für die Damen des Hofes in ihren Gärten veranstaltete. Im Übrigen verlautet über die letzten wenigen Jahre, die Montemayor in Spanien noch zubrachte, nichts, was für seine Lebensbeschreibung in Betracht käme; dagegen sind die beiden einzigen Zeugnisse über ihn aus dieser Zeit nach anderer Seite hin nicht ohne Interesse. Ehe der Dichter Spanien für immer verliefs, hatte er eine Unterredung mit dem schon genannten Alonso Perez, von welcher der letztere in dem „Argument" seiner Fortsetzung der „Diana" berichtet und aus der hervorgeht, dafs Montemayor damals noch die Absicht hatte, einen zweiten Teil zu seinem Roman zu schreiben.[1] Das andere Mal wird der Dichter von einem gewissen Bartolomé Ponce, einem Cisterziensermönch, im Prolog zu dessen „*Clara Diana a lo divino*" erwähnt. Es heifst daselbst, dafs Ponce mit Montemayor „am Hofe" (Ticknor, Suppl. S. 157) bei einem „caballero" im Jahre 1559 einmal gespeist habe, worauf die Unterhaltung Beider mitgeteilt und am Schlusse eine Anspielung auf Montemayor's Tod gemacht wird.[2] Hieraus geht hervor, dafs der Verfasser der „Diana" in dem genannten Jahre noch in Spanien weilte; jedenfalls veranlafsten ihn aber die Kriege, welche dieses gegen Frankreich damals führte, schon sehr bald darauf, sich als Soldat anwerben zu lassen, wie aus seinem Weggang nach Piemont zu schliefsen ist, wo die Anhänger Emanuel Filiberto's, des Herzogs von Savoyen, gegen die Franzosen kämpften. Als Montemayor sich auf den Kriegsschauplatz nach Italien begab, strebte er wol nach einem Felde militärischer Grofsthaten, wie es Camões in Indien gefunden hatte; indessen setzte sehr bald darauf schon ein vorzeitiger Tod seinem vielbewegten Leben ein Ziel: er starb im Jahre 1561 in Piemont. Letzteres geht mit Sicherheit aus einem Sonett von Ramirez Pagan hervor, einem gefeierten Dichter und Zeitgenossen Montemayor's. Nach einigen Andeutungen über des letzteren Geburtsort und Stellung im Leben fährt Pagan in jenem Gedichte fort:

Quien tan presto le diò tan cruda muerte?
Imbidia, y Marte, y Venus lo ha movido.
Sus huessos onde están? En Piamonte etc. (Salvá, No. 1922).

Auch in einem an anderer Stelle schon citierten Sonett Manoel's de Faria e Souza findet sich eine ähnliche, etwas weiter gehende Anspielung:

---

[1] „*Segunda Parte de la Diana*", ed. 1564: „*Antes que de España se fuese Montemayor, no se desdeño comunicar comigo el intento, que para hazer segunda parte a su Diana tenia*".

[2] In der „Carta dedicatoria" zu dem genannten Werke bemerkt Ponce unter Anderem auch, dass er Montemayor's „Diana" im Jahre 1559 gesehen und gelesen habe. (S. Salvá No. 1909).

Pequeno em mayor Monte em fim naceste,
Mayor viveste em Monte mais ufano
E em Piemonte não pio feneceste etc. (s. B. Machado, II, 809).
Was das genauere Datum des Todes Montemayor's betrifft,
so wird hierfür im Vorwort der „Diana" ed. 1622 der 26. Februar
des Jahres 1561 angegeben, und zwar war es des Dichters Freund
Alonso Perez, der es der Nachwelt überlieferte, wiewohl es sich
in dessen erster, 1564 erschienener Ausgabe der „Segunda Parte
de la Diana" noch nicht findet. Die Richtigkeit seiner Angabe
lässt sich einigermassen prüfen, nicht mit Hülfe der Elegie des
Dorantes, die Salvá's Vermutung (No. 1909) entgegen der Ausgabe
vom Jahre 1561 noch nicht angehängt ist, wol aber in Hinblick
auf das oben stehende Sonett Pagan's, welches bereits in dessen
1562 erschienener „*Floresta de varia poesia*" enthalten ist, so dass
man hiernach keine Ursache hat, der Datierung des Perez zu
misstrauen.

Weniger zuverlässig als über die Zeit sind wir über die Umstände unterrichtet, die des Dichters Tod herbeiführten. Dass derselbe ein jäher und gewaltsamer war, geht mit Gewissheit gleich aus den ersten Worten der Elegie des Dorantes hervor

Comiença musa mia dolorosa
El funesto suceso y desventura,
La muerte arrebatada y presurosa
De nuestro Lusitano etc.

und wird durch eine Menge anderer Ausdrücke, mit denen er daselbst beklagt wird, bestätigt. Auch Faria e Souza deutet dies an, wenn er in seinem Sonett sagt, dass Montemayor „*não pio*", d. h. wol ohne priesterlichen Beistand, oder überhaupt auf gottlose Weise vom Leben geschieden sei. Sonach könnte die Nachricht, dass er von einem Freunde im Duelle getödtet worden — eine Mitteilung, die man dem oben genannten Cisterzinser Ponce gemacht hatte, ihre Richtigkeit haben[1]; dass dessen Gewährsmann aber Recht gehabt haben sollte, wenn er diesen Zweikampf als durch Eifersucht und Liebeshändel provociert bezeichnete, scheint doch einigermassen zweifelhaft, wenn man erwägt, dass Montemayor zur Zeit seines Todes schon etwa 40 Jahre alt war. Auch Pagan, dem als Zeitgenossen des Dichters noch die grösste Glaubwürdigkeit beizumessen ist, stellt Liebeshändel keineswegs als alleinige oder unumstrittene Ursache jenes Vorfalls hin, wenn er vorsichtig zusammenfassend sagt: *Invidia, y Marte, y Venus lo ha movido;* die katholische Intoleranz freilich, die auch seinen Roman verdammte, schrieb die Ursache des Todes Montemayor's der Weltlichkeit zu, in der er sein Leben verbracht habe.

[1] Im Prolog zu seiner „*Clara Diana a lo divino*", Zaragoza 1599, sagt der Mönch unter Bezugnahme auf Montemayor: „*Perdone Dios su alma que nunca más le vi: ántes de alli á pocos meses me dijeron, como un mui amigo suyo le habia muerto por ciertos zelos ó amores*". S. Salvá No. 1944.

So endete ein gewaltsamer und vorzeitiger Tod in der Fremde das vielbewegte Dasein eines talentvollen, vom Glück nur wenig begünstigten Mannes, der, von Haus aus arm und ohne sonderliche Erziehung, als Musiker und Schöngeist[1] am Hofe wie als Soldat im Felde sich gleicherweise Ansehen und Ehre bei seinen Zeitgenossen zu erwerben wusste, dessen die Nachwelt aber kaum noch gedenken würde, hätte er nicht in seltener Vielseitigkeit mit hoher musikalischer Begabung und militärischer Tüchtigkeit ein poetisches Talent in sich vereint, das ihm einen ehrenvollen Platz an der Seite der hervorragendsten Dichter des Zeitalters Karls V. für immer sichert.

So grossen Beifalls sich die in gebundener Rede verfassten Erzeugnisse Montemayor's nun aber auch rühmen durften — sein 1554 erschienener Cancionero z. B. erlebte bis zum Jahre 1588 nicht weniger als neun Auflagen[2] — so erreichen sie doch weder nach Seiten ihrer ehemaligen Beliebtheit noch ihrer literargeschichtlichen Bedeutung auch nur im Entfernten seine Prosaschöpfung, die die Berühmtheit Montemayor's auch ausserhalb der Grenzen Spaniens allein begründete, nämlich den „*Los Siete Libros de la Diana*" betitelten Schäferroman, dem wir unsere Aufmerksamkeit von nun an ausschliesslich zuwenden.

II. Montemayor's „Diana".

A. Vorbemerkungen über die Entstehung des Romans.

B. Analyse desselben.

A. Die Entstehung der „Diana".

Wie jedes nach Form und Inhalt vom Herkömmlichen wesentlich verschiedene literarische Erzeugnis, so legt auch die „Diana" als Erstlingsprodukt einer bisher unbekannten Romangattung die Frage nach dem Ursprung der Idee des Ganzen nahe, nach den letzten Ursachen, auf die ihre Entstehung zurückzuführen.

Dass die Empfindungen, welche den Gedanken zu dem Schäferromane eingaben, nicht denen glichen, welche die ältesten bukolischen Dichter zur Abfassung ihrer Hirtengedichte bewogen, geht aus dessen ganzem Wesen unzweifelhaft hervor: der Wunsch, sich in ein friedliches Natur- und Landleben zu versenken, beseelte den spanischen Romanschreiber nicht. Ebensowenig war es seine Absicht, nach Art Sanazzaro's eine mit anziehenden Gemälden landschaftlicher Scenerien durchwobene, mehr die Aeusserlichkeiten

---

[1] Vgl. das Sonett Pagan's, in welchem Montemayor „*cortezano, discreto y entendido*" genannt wird.

[2] S. Salvá, No. 297.

in's Auge fassende Schilderung des Schäferlebens zu geben, da
Montemayor bei solchen Dingen sich nicht aufhält, ja nicht
einmal die Vorstellung zu erregen sucht, als habe man es in seiner
Dichtung mit wirklichen Hirten zu tun. Eine derartige lebenswahre und heitere, mitunter wol gar an das Humoristische streifende Auffassung der Verhältnisse geht ihm vollkommen ab, wie
denn der Schwerpunkt seines Romanes überhaupt nicht in der
möglichst objektiv scheinenden Darstellung von Wirklichkeit und
Handlung ruht. — Eine in sich gekehrte, für die Schönheit der
Natur nur wenig empfängliche Schwermut, ein trübseliger und
hoffnungsloser Schmerz, der, mit sich selbst beschäftigt, den
Aeusserlichkeiten des Hirtehlebens, überhaupt der ganzen schäferlichen Umgebung nur geringe, oft keine Aufmerksamkeit widmet,
dies vielmehr sind die wesentlichen, allerorten hervortretenden
Züge, die der „Diana" ihre charakteristische Färbung geben und
auf den letzten, innersten Anlass zu deren Entstehung deutlich
hinweisen: Montemayor verfasste sein Werk, einen echten Gefühlsroman, in der in diesem selbst vielfach zum Ausdruck gebrachten
Ueberzeugung, durch Mitteilung der Gefühle seines Herzens Trost
und Erleichterung in seinem Leiden zu finden, d. h. in dem
Schmerze über den unglücklichen Ausgang seines Liebesverhältnisses [1].

Freilich sollte der unmittelbare Anstoss, der, den unbestimmten
Plänen des Dichters erst festere Form gebend zur Abfassung gerade
eines Werkes wie der „Diana" führte, anderswoher erfolgen. Im
Jahre 1554, also mehrere Jahre vor der Veröffentlichung der
„Diana", erschienen zu Ferrara die „Saudades" Bernardim Ribeiro's,
ein Roman, den dieser seinen eigenen Angaben nach nur für sich
selbst geschrieben hatte und bis zum Tode unter seinen Papieren
bewahrte, den Montemayor aber bei seinem freundschaftlichen Verkehr
mit Ribeiro vielleicht schon als Manuscript und noch vor 1554 gesehen
hatte. Diese unvollendet gebliebene Erzählung aber war es, die den
Verfasser der „Diana" auf den Gedanken brachte, für seine Dichtung
die Form des Schäferomans zu wählen.

Wir können uns nicht versagen, zur besseren Klarstellung
dieser wichtigen Tatsache, welche beweist, dass letzterer sich
nicht auf Grundlage der italienischen Hirtendichtung entwickelte,
den Inhalt von Ribeiro's anmutiger Erzählung in kurzen Worten
zu skizzieren [2]. Der Roman, welcher nach seinen Anfangsworten
auch den Titel „*Menina e Moça*" führt und der noch keinerlei

---

[1] „*Dezianme que no habia mal que decirlo no fuese algun alivio para
el que lo padecia*". „Diana". III. B., Bl. 102 ͣ.

[2] Wir geben den Gang der Handlung nach der vom Santo Officio
revidierten Ausgabe des Romans vom Jahre 1785: „*Menina e Moça, ou
Saudades de Bernardim Ribeyro*". Lisboa. Wie ein Vergleich mit einem
älteren Druck aus dem Jahre 1559, A. Birckmann, Kolonia, ergab, weicht dieselbe von der Originalausgabe nur unwesentlich ab.

Einwirkungen des Classicismus, wol aber Reminiscenzen an die Poesie der Troubadours aufweist, behandelt in der Hauptsache des Verfassers unglückliche Liebe zu einer Base des Königs Manoel, einer gewissen Joanna de Vilhena, die sich während der Abwesenheit Ribeiro's mit einem Andern vermählt hatte.[1] Er beginnt mit den Klagen eines jungen Mädchens (*menina e moça*), das sich aus Kummer über das Fernsein des Geliebten in eine rauhe Einöde zurückgezogen hat, um dort seinem Schmerze ungestört nachhängen zu können. ‚Eines Tages trifft es daselbst mit einer vornehmen, in Trauer gekleideten Dame zusammen, die aus den nämlichen Gründen in jener Gegend weilt und ihrer Leidensgefährtin berichtet, wie einst ein vornehmer Ritter mit zwei schönen Schwestern durch das Thal, in dem sie sich befinden, gezogen sei, wo ihn indessen ein anderer beim Uebergang über eine von diesem verteidigte Brücke an der Weiterreise gehindert habe. Bis dahin und einige Kapitel weiter bewegt sich die Erzählung ganz in der Sphäre der Ritterromane. Dem Verteidiger der Brücke war nämlich die Aufgabe geworden, mit einem jeden Ankömmling zu kämpfen, der nicht freiwillig zugebe, dass er seine Dame am meisten liebe. Lamentor, so heisst der Durchzug heischende Ritter, glaubt natürlich ein derartiges Zugeständniss vor seinem Gewissen nicht verantworten zu können und geht auf den Zweikampf ein, in welchem der Herausforderer getötet wird.

Er selbst schlägt nach diesem Intermezzo in der Nähe sein Zelt auf, in welchem kurz darauf die eine der beiden Schwestern an der Geburt eines Kindes stirbt. Die Reisegesellschaft hat ihren Schmerz hierüber noch nicht verwunden, als ein fahrender Ritter, der das Abenteuer an der Brücke bestehen wollte, in ihrer Mitte erscheint um nach Kräften Trost zu spenden. Beim Anblick der Aonia, der Schwester der Verstorbenen, wird er jedoch dermassen von Liebe zu ihr ergriffen, dass er beschliesst, seiner bisherigen Gebieterin den Dienst ohne Weiteres zu kündigen, ja sogar bedauert, seine Zeit mit derselben erst unnütz verloren zu haben. Nachdem er noch, um etwaigen Nachforschungen der verlassenen Schönen zu entgehen, seinen Knappen entlassen und den falschen Namen Bimnarder[2] angenommen, bringt er einige Tage in der Umgebung des nahen Schlosses zu, welches Lamentor mit Aonia inzwischen bezogen; da ihm aber mittlerweile und just zur rechten Zeit sein Pferd von Wölfen zerrissen worden, er also am Weiterziehen gehindert ist, so weiss er schliesslich nichts besseres zu tun, als bei einem nahewohnenden Viehzüchter in den Dienst zu treten — und hier geht der Abenteuer- in den Schäferroman über. Der Ritter verkleidet sich vor unseren Augen zum Schäfer.

---

[1] Näheres hierüber bei Braga: „*B. Ribeiro e os Bucolistas*", Kap. 2.
[2] Anagramm von Bernardim, dem Vornamen des Verfassers. *Lamentor* — *Manoel*. *Aonia* — *Joanna*.

In sehr ungezwungener Weise wird nun weiter erzählt, wie er als solcher, die Flöte in der Hand, häufig und lange Zeit unter den Fenstern des Palastes der Geliebten verweilt, wie eine schöne, von Aonia's Kammerfrau gesungene *soldo* (die Ribeiro's Bekanntschaft mit der provençalischen Dichtung verrät) die Liebenden einander näher bringt und wie sie schliesslich zu wiederholten Malen nächtliche Zusammenkünfte ermöglichen, bei denen die Dame in ihrer naiven Ungeniertheit kaum weniger Unerschrockenheit als ihr Schäfer an den Tag legt — „*mas não quero aqui contar muitas cousas, que por querer bem se fazem de maneira que se não podem dizer*". (S. 82.) Diese Herrlichkeit sollte indessen nur zu bald ein trauriges Ende nehmen. Bimnarder erkrankt eines Tages, und während er sich deshalb gezwungen sieht, in seinen nächtlichen Unternehmungen eine unliebsame Unterbrechung eintreten zu lassen, wird Aonia ohne sein Vorwissen auf Wunsch ihres Vaters halb mit, halb gegen ihren Willen mit einem anderen, vornehmen Bewerber vermählt, worüber ihr Schäfer in derartige Verzweiflung gerät, dass er, halb sinnlos, das Land verlässt, um nie wieder daselbst gesehen zu werden.

Damit schliesst der authentische Teil der Erzählung Ribeiro's. Man kann sich denken, welchen Eindruck dieselbe, besonders gegen den Schluss hin, auf Montemayor hervorgebracht haben muss. Fand er doch in ihr alle jene Ereignisse, welche den Ruin auch seines Glückes herbeigeführt hatten, fast Zug für Zug wieder gegeben: nach einem kurzen, Erfolg verheissenden Liebesverhältnis mit einer vornehmen Dame die notgedrungene Abwesenheit des Liebhabers, die die Bewerbungen des reichen Nebenbuhlers begünstigte; den unbeugsamen Willen des Vaters gegenüber dem Wankelmut der nachgiebigen Geliebten; deren Vermählung, die sich vollzog, ohne dass der von seiner Dame Getrennte eine Kunde davon hatte; endlich den tiefen und hoffnungslosen Schmerz, der Ribeiro in die freiwillige Verbannung getrieben hatte und der auch ihn die Ruhe nirgend finden liess. — Es unterliegt keinem Zweifel, dass eine so seltsame Uebereinstimmung wichtiger Thatsachen dem in der Muttersprache verfassten Roman Ribeiro's in den Augen Montemayor's, der ebenfalls sein Liebesleid zum Gegenstande einer längeren Dichtung machen wollte, ein ungleich höheres Interesse verleihen mufste, als dies bei dem von einem ganz anderen Geist diktierten „Ameto", oder gar etwa der „Arcadia", die nicht einmal eine zusammenhängende Handlung aufweist, der Fall sein konnte. Dieser Umstand allein schon macht es wahrscheinlich, was unseres Erachtens aus anderen Merkmalen mit Sicherheit hervorgeht, dass es nämlich in der Tat die „Saudades" waren, denen der Dichter die Idee zur Abfassung der „Diana" verdankte[1]. Nicht nur wies kein

---

[1] Wenn es gestattet ist, von Privatmitteilungen Gebrauch zu machen, so sei erwähnt, dafs Frau C. Michaëlis de Vasconcellos derselben Ansicht ist. Auch Herr Th. Braga schreibt dem Umstand, dafs Montemayor die frag-

anderes Erzeugnis, weder der einheimischen noch fremder Literaturen, eine grössere innere Verwandtschaft mit dem Stoff auf, den er selbst bearbeiten wollte; auch was zugleich eine geeignete Form betraf, sich und sein Liebesleid in verhüllter Weise zum Gegenstand der Darstellung zu machen, so fand er sie in den letzten Kapiteln der „Menina e Moça", in denen sich der Verfasser, zugleich auch die Haupt- und Leidensperson, im Gewande eines Schäfers eingeführt hatte.

Die ganz in Prosa verfassten „Saudades" werden es nun auch in erster Linie gewesen sein, die Montemayor veranlassten, seinem Erzeugniss die Form einer Erzählung zu geben. Möglich, dass er am „Ameto" und besonders an der „Arcadia" ersehen hatte, mit welch' gutem Erfolg sich die Prosa zu Darstellungen der bukolischen Gattung verwenden liess — den Gedanken, eine Hirtengeschichte mit so einheitlichem Mittelpunkt zu schreiben, wie sie im letzten Teil des portugiesischen Romanes bereits vor ihm lag, werden ihm jene Dichtungen, die der „Diana" nach Inhalt und Form weit ferner standen, kaum eingegeben haben.

Auch hinsichtlich ihrer äusseren Fassung spricht mithin Alles dafür, dass Montemayor's Schöpfung auf Grundlage der portugiesischen, vom Classicismus noch unberührten Schäferdichtung erstand. Während nun aber das Erzeugnis Ribeiro's zur Hälfte noch Ritterroman war, liefs Montemayor, wohl im Interesse der Einheitlichkeit der Handlung, das ritterliche Element bis auf eine einzige Spur aus seiner Dichtung fort und ging auch darin einen bedeutsamen Schritt weiter als Ribeiro, dafs er sämtliche Hauptpersonen unter der Maske verbarg, die letzterer allein nur für sich adoptiert hatte; und auf diese Weise, d. h. indem er eben nur Elemente der Hirtendichtung verwandte, wurde er allerdings zum Schöpfer des eigentlichen Schäferromans mit allen Kennzeichen der Gattung. Wie sich aus dem zu Ribeiro's Werk Bemerkten ergiebt, ist ein besonders grofses Verdienst aus der Erfindung dieser Art von Erzählungen für Montemayor freilich nicht mehr herzuleiten; durch den zweiten Teil der „Saudades" war dieselbe vielmehr bereits nahe genug gelegt, und tritt dort auch nur erst die Hauptperson als Hirt auf, so hat Herr Theophilo Braga doch gezeigt, wie auch schon unter den sämmtlichen übrigen Figuren historische Persönlichkeiten verborgen sind[1].

So viel über die Entstehung unseres Romanes. Wir wenden uns nunmehr einer Besprechung desselben in seinen Einzelheiten zu, die, wie der Uebersichtlichkeit halber im Voraus bemerkt sei, nach den für die kritische Prüfung einer romanhaften Erzählung von Dunlop empfohlenen Gesichtspunkten in drei Hauptabschnitte

liche Erzählung, und zwar, wie Braga unnötiger Weise annimmt, bereits im Manuskripte kannte, grofse Bedeutung für die Entstehung der „Diana" zu. (Vgl. „B. Ribeiro e os Bucolistas". S. 81).

[1] S. Th. Braga: „B. Ribeiro e os Bucolistas", S. 101 ff.

geordnet ist, deren erster eine Betrachtung des nackten Stoffes
nach Seiten der Neuheit, Wahrscheinlichkeit und Mannigfaltigkeit
der Ereignisse enthält, während der zweite einer Erörterung der
Disposition des Stoffes und der Episoden, der dritte aber einer
Besprechung der Ausführung desselben gewidmet ist. Mit Dunlop
rechnen wir unter letztere den Stil, die Charakterzeichnung, die
Darstellung von Gefühlen, die Beschreibungen und schliefslich auch
den Hauptschmuck des Romans, die Gedichte.

Von einer ausführlicheren als der nachstehend gegebenen
Inhaltsangabe, die bei der verwickelten Handlung der „Diana"
nicht ohne grossen Wortaufwand möglich ist, kann um so eher
abgesehen werden, als sich in dem leicht zugänglichen Werke
Dunlop's, auf welches hier verwiesen sei, ein auch viele Einzelheiten enthaltender Abriss vom Inhalt des Romanes findet. (S. 352 ff.)

B. Analyse der „Diana".

I. Der Stoff an sich.

Zeit und Ort der Handlung. Inhaltsangabe.

Wie im Drama, so sind es auch im Romane Zeit und Ort
der Handlung, über welche der Leser vor Allem Gewissheit zu
haben wünscht. Einer derartigen Orientierung setzt aber die
„Diana" in beiderlei Hinsicht Schwierigkeiten entgegen. Was
zunächst die Zeit anlangt in welcher die Handlung spielt, so wird
von einem Tempel Minerva's berichtet, in dem die Schäferinnen
in ganz heidnischer Weise Gaben darbringen[1]; es erscheinen
Nymphen, die dem Dienste einer Dianapriesterin geweiht sind;
die Schicksale Felismena's werden im Voraus von Venus und Pallas
bestimmt u. s. w., während die Schäfer sich andrerseits der gebräuchlichen Anrufungsformeln Gottes bedienen, von christlichen Mär-
tyrern reden und die Bekanntschaft einer Hirtin machen, die in
einem Kloster erzogen ist, wo ihre Tante Aebtissin war. Dazu
werden im Gesang des Orpheus vornehme spanische Damen gepriesen, die grossenteils um die Mitte des 16. Jahrhunderts noch
lebten. Man sieht, der Verfasser wirft heidnisch-mythologische
und christliche Elemente, sowie wirklich Historisches mit einer
Willkür durcheinander, dass es bei Berücksichtigung aller dieser
Momente schlechterdings unmöglich wäre, irgend eine Zeit für die
Handlung der „Diana" anzugeben. Soll indessen das mythologische
Beiwerk des Romanes, das als wunderlicher, zur Zeit des Auf-
tauchens der humanistischen Gelehrsamkeit in den Werken der
Dichtung nicht gern entbehrter Zierrat ohnehin nur geringe Be-
achtung verdient, nicht weiter in Frage kommen, so ist die Hand-

[1] I. B. Bl. 31.

lung nach dem Modernen in Sitten und Gebräuchen sowie der Sprache der Personen in die Zeit des Erscheinens der „Diana" zu verlegen.

Etwas zuverlässiger als über die Zeit werden wir über den Schauplatz der mitgeteilten Begebenheiten unterrichtet. Aus der Vorrede und den ersten Büchern des Romanes geht wenigstens soviel hervor, dass derselbe in dem vormaligen Königreich Leon, an den Ufern der Ezla und in den an diesem Fluss, „weitab vom Getriebe der Menschen gelegenen Tälern", zu suchen ist. Erst im letzten Buche wird er für kurze Zeit in die Umgebung von Coimbra, Montemôr und in die Niederungen des Mondego, also in die eigentliche Heimat des Verfassers verlegt.

Der Roman beginnt mit der Schilderung der Leiden des Schäfers Sireno, der nach einjähriger Abwesenheit soeben in das Tal der Ezla zurückgekehrt ist, wo jeder Baum, jede Quelle die schmerzliche Erinnerung an seinen einstigen Umgang mit der geliebten Diana in ihm wachruft. Seine trübseligen Betrachtungen werden durch die Ankunft des unglücklichen Schäfers Sylvano unterbrochen, der ebenfalls sein Herz an jenes Kleinod unter den Hirtinnen verloren hat. Die beiden Nebenbuhler, zugleich die edelmütigsten Freunde, streiten noch, wessen Schmerz an Gröfse den Vorrang verdiene, als sich von ungefähr die schöne und tugendreiche Selvagia, der gleichfalls Amors Pfeil schmerzend im Herzen sitzt, zu ihnen gesellt und nach einer Unterredung über die Untreue den galant-nachgiebigen Schäfern die Erfahrungen, die sie selbst in dieser Beziehung hat machen müssen, in einer längeren, sehr verwickelten Geschichte mitteilt. Sie beschliefst dieselbe unter heftigem Weinen, wiewohl durch die Teilnahme ihrer Zuhörer nicht wenig getröstet, denn Sireno sowohl als Sylvano sind von ihrem Unglück tief gerührt und „helfen" der Erzählerin nach Kräften, darüber Thränen zu vergiefsen, „weil dies etwas war, worin sie grofse Übung besafsen". (I. B.).

Um ihre Unterhaltung über die Leiden der Liebe ungestört fortsetzen zu können, treffen sich die Hirten mit ihrer interessanten Leidensgefährtin am andern Morgen bei einer einsamen Quelle wieder, in deren Nähe drei Nymphen von strahlender Schönheit Sireno's Unglück in Poesie und Prosa beklagen. Die beiden Gesellschaften wollen sich eben begrüfsen, um vereint mit einander zu seufzen, als die Nymphen plötzlich von drei in sie verliebten Wilden überfallen werden — ein Ereignis, welches der heroischen Felismena Gelegenheit giebt, auf dem Schauplatz der Handlung zu erscheinen. Nachdem diese urplötzlich aufgetauchte Hirtin die liebeskranken Herzen der schmachtenden Unholde der Reihe nach mit ihren Pfeilen durchbohrt, berichtet auch sie den erstaunten Schäfern ihre umfangreiche Lebens- und Liebesgeschichte. Der Kernpunkt der letzteren liegt in einer scheinbar unlöslichen Verwickelung, die der in Selvagia's Erzählung ähnelt, nämlich in einer Verkettung der Neigungen dreier Personen, die dadurch in eine so schwierige Lage geraten sind, dafs der Leser für alle drei das Schlimmste befürchten mufs und daher alle Ursache hat, den im kritischsten Augenblick durch die Verzweiflung herbeigeführten Tod der einen, der wenigstens den andern das Leben erhält, mit Freuden zu begrüfsen. Die Erläuterungen, welche die nach ihrem treulosen Liebhaber umherirrende Unglückliche zu ihrer nicht leicht verständlichen Erzählung giebt, werden durch den Aufbruch der Gesellschaft nach dem Tempel Diana's unterbrochen, wo nach der Versicherung der Nymphen selbst weniger würdige Schäfer vom Liebeskummer schon mehrfach vollständig geheilt worden seien und wo auch ihrer sichere Erlösung harre. (II. B.).

Unterwegs schliefst sich den Dahinziehenden eine dritte Schäferin, Belisa, an, trotzdem dieselbe, wie es am Ende ihrer Leidensgeschichte heifst, durch die Liebe so unglücklich geworden ist, dafs der blofse Gedanke, ihr Leid einst vergessen zu können, sie in den Selbstmord treiben würde. (III. B.).

In dem mit Kunst- und Wunderwerken reich verzierten Tempel angekommen, bietet Felicia, die Priesterin desselben, den Schäfern nach Besichtigung ihrer Schätze durch eine lange Belehrung zunächst Gelegenheit, ihre Kenntnisse über die Natur der Liebe wesentlich zu erweitern, worauf eine Hirtin die sehr anziehende Geschichte von Abindarraez und der schönen Xarifa zum Besten giebt (V. B.). Am folgenden Morgen werden Sireno, Sylvano und Selvagia von der Priesterin durch einen Zaubertrank von ihren Leiden befreit, Felismena aber nach dem Mondego gesandt, in dessen Nähe sie nicht nur Belisa's Geliebten entdeckt (V. B.), der nach dem Tempel geschickt wird, sondern schliefslich auch ihren ungetreuen Don Felis wiederfindet. Die Rückkehr dieses Paares unter das gastliche Dach der Dianapriesterin, die mit Ausnahme des für die Liebe gleichgültig gewordenen Sireno zur grofsen Zufriedenheit der Anwesenden und nicht minder des Lesers nunmehr endlich „Alle mit einander verheiratet, die sich wirklich lieben", bildet das Ende einer Erzählung, welche bestimmt war, binnen Kurzem eine Beliebtheit zu erringen, wie sich ihrer kein Erzeugnis der Prosadichtung seit dem „Amadis" hatte rühmen dürfen.

Welches sind nun aber die Verdienste, die dem Werke Montemayor's einen so ungeteilten Beifall erwarben, und wie stellt sich dasselbe zu den Prinzipien kritischer Prüfung, nach denen der Wert eines Romans zu beurteilen ist? Um hierüber Klarheit zu erlangen, erscheint es vor Allem geboten, des Verfassers Anspruch auf Originalität der Erfindung festzustellen, eine Untersuchung, welcher der folgende Abschnitt gewidmet ist.

a. Neuheit der Ereignisse und der übrigen Bestandteile der „Diana". Das historische Element in derselben; Vorbilder, die Montemayor benutzt hat.

Während es, um die Handlung eines Romans nach Seiten ihrer Originalität zu prüfen, für gewöhnlich genügt, selbständig

Erfundenes von Entlehntem zu trennen, wären in der „Diana"
eigentlich noch Ereignisse in Rechnung zu ziehen, die sich auf
wirkliche, dem Verfasser bekannte oder von ihm selbst erlebte Vorfälle gründen. Dafs derartige, dem realen Leben seiner Zeit ent-
nommene Begebenheiten in die Handlung der „Diana" verwebt
und wir demzufolge berechtigt sind, unter den Trägern der betreffenden Handlungen Vertreter wirklicher Personen zu vermuten,
geht aus Montemayor's eigenen Worten hervor.[1] So unterliegt
es keinem Zweifel, dafs er unter dem duldenden Sireno sich selbst,
unter Diana seine ungetreue Geliebte, und unter Sylvano einen ihm
nahestehenden Freund geschildert hat.[2] Trotzdem wird aber von
einer besonderen Berücksichtigung derlei historischer Elemente Abstand zu nehmen sein: einmal, weil sich aus nichts ergiebt, welche
von den übrigen Personen des Romans nach wirklich lebenden
Vorbildern gezeichnet sind und wer sich unter ihrer Maske verbarg; das andere Mal, weil die Handlung des Romans in eine
so von aller Wahrheit entfernte Welt versetzt ist, dafs dadurch Vorfälle, die in Wirklichkeit eine reale Grundlage wohl haben mochten,
bis zur Unkenntlichkeit entstellt werden mufsten und vielleicht absichtlich entstellt wurden. — Die „Saudades", zu denen Herr
Th. Braga mit vielem Glück eine historische Interpretation geliefert
hat, bieten in dieser Hinsicht weit sicherere Anhaltspunkte. Zwar
werden auch in ihnen Vorfälle wie Personen diskret verschleiert
vorgeführt, doch ist von unnatürlichen Verwickelungen, von Nymphen,
Zaubertempeln, Liebestränken und anderen Requisiten der Fabel-
welt, die bei Montemayor so sinnentstellend wirken, in dem portugiesischen Romane keine Rede. Dazu geht der „Diana" eine
Eigentümlichkeit ab, die bei der Identificierung der Personen
Ribeiro's sehr wesentliche Dienste leistet; während nämlich die
Namen der letzteren nichts als Anagramme ihrer wirklichen Eigen-
namen sind, gab Montemayor seinen Schäfern neue, gröfstenteils
Sanazzaro, den antiken Eklogen und der Mythologie entlehnte,
zum Teil auch selbst erfundene Namen, von denen wir nur in
Belisa (*Isabel*), Celia (*Alice*) und Armia (*Maria*) Anagramme zu ent-

---

[1] ... „*y en los demas* (*scil. libros*) *hallaran muy diversas historias de casos que verdaderamente han sucedido*" *etc.* Argument der „Diana".

[2] Im Prolog zu seiner 1603 erschienenen, dem Herzog von Nemours gewidmeten Übersetzung der „Diana" bemerkt Pavellon, dafs letztere die Liebeshändel des Herzogs Alba behandele, in dessen Hause Montemayor Intendant (*domestique*) gewesen sei. Sollte dieser vagen Angabe, für welche die Herausgeber der Biblioteca de Aut. Esp. (II, S. XXVIII Anm.) ebensowenig einen weiteren Gewährsmann anzugeben wissen als wir, etwas That-
sächliches wirklich zu Grunde liegen, so wäre sie nur allenfalls zu einer der episodischen Erzählungen des Romans, am ehesten zu der Felismena's im zweiten Buche, in Beziehung zu bringen. Für wahrscheinlicher halten wir es indessen, dafs der französische Übersetzer jene durch nichts erwiesene Bemerkung einfliefsen liefs, nur um der „Diana" ein höheres Interesse in den Augen seines illustren Gönners zu verleihen.

decken vermochten. Ebensowenig wie die Namen sind nun aber
auch die Handlungen und Erlebnisse der in der „Diana"
auftretenden Personen dazu angethan, unter einer verhüllten
Darstellung Thatsächliches erkennen zu lassen. Von Sireno
z. B., der Hauptperson des Romanes, erfahren wir nichts, als
dafs er den Verlust der Geliebten betrauert, am Ende aber
gleichgültig gegen die Liebe gemacht wird; und dieser für
den Helden einer langen Erzählung wenig befriedigende Ausgang
wird obendrein durch Zauberei herbeigeführt, also durch ein
Gewaltmittel, welches in Wirklichkeit niemals die Ursache einer
solchen Sinnesänderung gewesen sein könnte. Fast noch ungünstiger
liegt das Verhältnis bei Diana, die nichts vollbringt und nichts erlebt
als die Kränkung, die ihr durch das veränderte Wesen ihres
ehemaligen Liebhabers wird, während endlich auch von Sylvano
keine That berichtet wird, nach der sich einer Vermutung über
den wahren Namen und die Stellung seines etwaigen Urbildes Raum
geben liefse. Wir wenden uns daher von einem so wenig Erfolg
versprechenden Unternehmen wie der historischen Erklärung des
Romanes ab, um nur noch zwischen selbständiger Erfindung und
Entlehnung zu unterscheiden.

Die „Diana" beginnt unmittelbar mit einer Schilderung der
trostlosen Gemütsverfassung Sireno's, während ein langer Monolog,
der sich hieran schliefst, die Ursache und Gröfse seines Schmerzes
noch besonders in's Licht zu kehren bestimmt ist. Es läfst sich
nicht leugnen, dafs diese ungewöhnliche Situation des Haupthelden,
der gleich bei Beginn der Erzählung am Rande der Verzweiflung
erscheint, einige Ähnlichkeit mit der Ergasto's aufweist, welcher in
der ersten Ekloge der „Arcadia" seinen Liebesschmerz klagt. Dennoch
ist es wahrscheinlicher, dafs Montemayor's Hauptvorbild an
jener Stelle die „Saudades" waren. Dieselben beginnen ganz in
der nämlichen, unvermittelten Weise mit den Klagen einer Dame,
welcher Ribeiro, ganz wie der spanische Erzähler, die Äufserungen
seines eigenen Liebeskummers in den Mund legt. Die Ähnlichkeit
in den Anfängen der Romane liegt aber nicht nur darin, dafs
beide die trübseligen Selbstgespräche eines verlassenen Liebenden
enthalten; sie erinnern auch insofern an einander, als der Schauplatz
der Handlung hier wie dort fast genau der nämliche ist (ein
von hohen Bergen umschlossenes, waldiges und einsames Thal, in
dessen Mitte ein Flufs daher rauscht), und als die schmerzlichen
Empfindungen, welche geäufsert werden, besonders auch gerade
da, wo sie übertrieben, also gesucht sind, an mehreren Stellen einander
merkwürdig ähneln.

So fühlt die Menina z. B. ihr Unglück dermafsen, dafs sie glaubt,
ihre Todesstunde müsse baldigst herannahen, während Sireno schon
vom allergeringsten seiner Leiden nicht weniger erwartet, als dafs
es ihm sein Leben rauben werde. An einer anderen Stelle äufsert
das Fräulein, dafs es geboren sei um Schmerzen zu erdulden;

Sireno sieht in seinem Unglück die Erfüllung der ihm im Voraus bestimmten ungünstigen Schicksale. Beide fürchten aber von der Zukunft nur noch wenig; die Menina, weil der Kummer und sie selber in ihrem Herzen keinen Raum für anderweiten Schmerz gelassen haben, Sireno, weil das Geschick keine härteren Schläge mehr für ihn haben konnte u. s. f. Des beschränkten Raumes halber verzichten wir darauf, die Reihe von Stellen, welche dem Sinne nach sich mehr oder weniger gleichen und die sich zudem sämtlich auf den ersten wenigen Seiten der beiden Werke finden, hier vollständig zu geben; zusammengehalten mit dem Umstand, dafs beide Romane an gleicher Stelle fast ganz das nämliche Sujet behandeln und dafs auch die Umgebung der auftretenden Personen in beiden dieselbe ist, dürften aber die hier angeführten Beispiele die Annahme rechtfertigen, dafs Montemayor bei der Schilderung der Situation Sireno's, wie überhaupt in der eigentümlichen Art und Weise, die „Diana" einzuleiten, Ribeiro nachgeahmt hat.

Diese Anlehnung scheint weiterhin noch dadurch bestätigt zu werden, dafs sich die Fortentwickelung der Handlung in der „Diana" unter den nämlichen Umständen wie in den „Saudades" vollzieht. Die klagende Menina hat ihren Platz am Ufer des Flusses, unter einer grünenden Esche, noch nicht verlassen, als sie aus dem Walde am Rande des Gewässers eine vornehme Dame langsam auf sich zuschreiten sieht; unter den Thränen des Kummers hat deren Schönheit schwer gelitten, laute Seufzer entringen sich ihrer Brust. — Ganz ebenso wird in der „Diana" die Einsamkeit Sireno's durch die unmotivierte Ankunft zweier Personen unterbrochen. Zuerst naht sich dem Hirten, der seinen traurigen Gedanken, diesmal aber am Rande einer Quelle und unter einer Buche nachhängt, gleichfalls in dem seinem Gemütszustand am besten angepafsten Tempo der betrübte Sylvano, dem bald darauf Selvagia folgt. Wie ihr Vorbild in den „Saudades", tritt letztere aus dem Walde hervor, der dicht am Flusse lag; ihr Gesang giebt zu erkennen, dafs auch sie nicht zu den Hirtinnen gewöhnlichen Schlages gehört, wiewohl auch hier wieder der Schmerz ihre Schönheit nicht voll zur Geltung kommen läfst. Nachdem sie, dem Beispiel der Menina folgend, mit grofser Höflichkeit gegrüfst, verbreitet sie sich, wie die vornehme Dame in den „Saudades", über das ungleich gröfsere Mafs von Unrecht und Leiden, welche die Frauen in der Liebe zu erdulden haben — eine Auseinandersetzung, der Montemayor, ebenso wie Ribeiro, die Geschichte der neu Hinzugekommenen folgen läfst, so dafs die Ähnlichkeit der Vorgänge in beiden Romanen auch in diesem Punkte gewahrt bleibt.

Es wäre überflüssig, die Beziehungen, in welchen der Anfang der „Diana" zu dem der „Menina e Moça" steht, an weiteren Beispielen zu veranschaulichen, um die Anlehnung Montemayor's an das Werk seines Freundes als erwiesen hinzustellen.

Wie man sich erinnert, wird die Unterhaltung der Schäfer durch
den Überfall der Wilden (*salvages*) unterbrochen. Wir wissen nun zwar
nicht, ob der Verfasser die Grundidee zu diesem Intermezzo ent-
lehnt hat; im anderen Falle macht es seiner Erfindungsgabe aber
sicher nur wenig Ehre. Denn abgesehen von der Unwahrscheinlichkeit des ganzen Vorfalles kann es unmöglich als ein glücklicher
Gedanke bezeichnet werden, wenn Montemayor sechs Unschuldige
dem Tode nahe bringt, nur um eine einzige neue Person in deren
Gesellschaft einzuführen, was offenbar den Hauptzweck dieser
bizarren Begebenheit bildet.

Nachdem die Nymphen von ihren hitzigen Liebhabern befreit
worden, bestimmen sie die Anwesenden, ihnen nach dem Tempel
zu folgen, dessen Priesterin ihren Liebesschmerz heilen werde. Die
in dieser Zusage ausgedrückte Idee der Intervention einer zauber-
kräftigen Person zu Gunsten unglücklich Liebender scheint Montemayor der „Arcadia" zu verdanken. In der achten und neunten
„Prosa" dieser Hirtendichtung wird erzählt, wie ein unglücklich
liebender Schäfer sich zu einer von Diana in allen Künsten der
Magie unterrichteten Frau begiebt, um bei dieser für seinen Schmerz
sich Heilung zu erholen. Unterwegs überreden ihn indessen
andere Hirten, ihnen lieber zu dem Priester des Pan zu folgen,
der jener Zauberin der Diana, auch in der Regelung von Liebes-
angelegenheiten, womöglich noch überlegen sei. — Diese Vorgänge
liegen wohl den in der Diana erzählten zu Grunde, wiewohl das
Kurverfahren Montemayor's in mehreren Einzelheiten von dem
Sanazzaro's Abweichungen aufweist, wie sie durch den verschiedenartigen Charakter seines Werkes geboten waren. So verwandelte
er die Höhle des allzu rustiken Pan in einen Tempel der keuschen
Diana, während der Priester des Hirtengottes zusammen mit der
Zauberin der Diana durch eine Priesterin derselben Gottheit er-
setzt ward. Eine weitere Abweichung, die als Illustration zu dem
früher hervorgehobenen Unterschied in der Auffassungsweise der
beiden Bukoliker bemerkenswert ist, liegt in der Darstellung der
Dianapriesterin des spanischen Romanes. Während den naiv-länd-
lichen Hirten des Italieners, die äufseren Zwang nicht kennen, die
die Lüfte durchfliegende Magierin sowohl als der Diener Pan's als
vollendete Hexenmeister hingestellt werden, führen die Nymphen
den vornehmen Schäfern Montemayor's, die sich auch schon in
Hinsicht auf ihr allezeit ächt spanisch gesetztes Wesen und ihre
höhere Bildung unmöglich einer Hexe anvertrauen konnten, ihre
Gebieterin als die „weise und grofse" Priesterin der „keuschen"
Diana vor Augen, als ein Wesen von unerreichter Güte und Schönheit (II. B.); auch giebt sich diese Dame keinesweges ordinären
Zaubereien hin, ihre einzige Aufgabe besteht vielmehr darin, „gegen
Liebesleidenschaften ein Heilmittel zu geben" (*cuyo oficio es, dar
remedio á pasiones enamoradas*). —

Kein Wunder daher, wenn die verliebte Gesellschaft ohne Verzug den Weg nach dem Tempel des Heiles antritt. Auch der Gedanke zu dieser Wanderung scheint von der „Arcadia" eingegeben, in welcher weiter erzählt wird, wie die Schäfer, den überredeten Gefährten in der Mitte, nach dem bewufsten Heiligtume ziehen, das ganz wie in der „Diana" eine Tagereise vom Schauplatz der bisherigen Begebenheiten entfernt gedacht wird. Mit Gewifsheit ergiebt sich aber eine Nachahmung der letzteren bei Vergleichung der Örtlichkeit, in welcher die Schäfer die Nacht zubringen. Montemayor verwendet zur Beschreibung derselben alle Einzelheiten, die sich in der italienischen Hirtendichtung finden; die Insel inmitten des Weihers ist das einzige, was er der Landschaft Sanazzaro's hinzugefügt. Ebenso wenig erfinderisches Talent entwickelt er bei der Beschreibung der Wanderung selbst, die im Gegensatz zu der in der „Arcadia" geschilderten ohne jeden bemerkenswerten Zwischenfall verläuft. Anstatt etwa die Dahinziehenden anmutige Gespräche führen zu lassen, oder schöne landschaftliche Bilder zu entrollen, berichtet der Verfasser nur, wie sich die Schäfer unterwegs umsonst bemühen, die sentimentale Belisa durch Mitteilung ihrer Leidensgeschichten zu trösten.

Um so gröfsere Sorgfalt wird dagegen den Baulichkeiten des Tempels gewidmet, der mit Sanazzaro's bescheidenem Heiligtum natürlich nichts zu thun haben kann. Auch hier zeigt sich vielmehr recht deutlich, in wie verschiedener Weise die beiden Autoren ihre im Grunde gleichartige Vorstellung zur Ausführung brachten. Aus denselben Gründen, die den höfischen Romanschreiber bewogen, aus der Hexe und dem struppigen Panpriester eine liebreizende, sehr vornehm thuende Priesterin der keuschen Diana zu machen, setzte er an Stelle der kunstlosen alten Höhle (*spelunca vecchissima*) der „Arcadia" einen zauberhaften Palast, zu dem die Schäfer obendrein von eben so schönen als höflichen Nymphen geleitet werden. Im Übrigen wird aus der Herrlichkeit des Bauwerkes auf eine besonders rege Einbildungskraft seines Erbauers nicht zu schliefsen sein; denn abgesehen davon, dafs es für einen Mann, der an einem der prachtliebendsten Höfe weilte, derselben nicht eben sehr bedurfte, um etwas derartiges zu schaffen, bot die Unzahl von Wunderwerken dieser Art, wie sie die Phantasie des Mittelalters bereits errichtet hatte, eine Menge von Vorbildern, die Montemayor's hohe Ansprüche zum Teil noch übertrafen; auch wäre es bei all' seiner Verschwendung von Gold und Jaspis nicht unmöglich, dafs das Werk eines irdischen Architekten seiner phantastischen Beschreibung Anhaltspunkte lieferte.

Eher als der Ursprung des Tempels läfst sich der der Sehenswürdigkeiten des Gartens nachweisen, welcher ersteren umgiebt. Wie noch an anderen Stellen, so lehnt sich Montemayor bei der Beschreibung des daselbst befindlichen Brunnens ziemlich eng an die Darstellung des griechischen Erotikers Eustathius an, welcher im ersten Buche seiner „Ismenias und Ismene" betitelten Liebesgeschichte denselben Gegenstand schildert, doch bleibe nicht unerwähnt, dafs der Verfasser der „Diana" in der Wahl der Zierrate des Brunnens von dem geschmacklos überladenen griechischen Vorbild vorteilhaft abweicht.[1] Mit Eustathius teilt Montemayor auch die ausgesprochene Vorliebe für Gemälde und Skulpturen, und es ist sehr wahrscheinlich, dafs er die Idee, das Innere des Palastes allerorten mit derlei Bildwerk zu verzieren, der Beschreibung des Sommerhauses und der Tempel des Sosthenes verdankt, die der griechische Autor in der nämlichen Weise geschmückt hat. Wie bei letzterem, wird übrigens auch bei Montemayor die Bedeutung eines jeden Gemäldes auf einer daran befindlichen Tafel in Versen noch besonders erläutert. Einer wichtigeren Bestimmung dienen aber zwei Inschriftentafeln am Tempelportal, die offenbar der „Arcadia" entliehen sind, wo sie gleicherweise am Eingang des Pantempels angebracht sind und von den Hirten mit Interesse gelesen werden. — Die letzte Sehenswürdigkeit des Gartens ist das zwischen vielen Gräbern keuscher Damen errichtete Grabmal Catalina's de Aragon. Gleich dem Brunnen dient es nur dem Zweck, den staunenden Schäfern einen erhöhten Begriff von dem Kunstsinn der Priesterin beizubringen; freilich fällt es ihnen nicht ein zu fragen, was die allzeit heiteren Insassen des Tempels bewog, in ihrer nächsten Nähe einen ausgedehnten Friedhof anzulegen, für den im Roman glücklicher Weise nicht das geringste Bedürfnis vorhanden ist. Wie die ganze, wenig angebrachte Merkwürdigkeit, scheint aber gerade dies durch nichts motivierte Dasein der Grabstätte wieder auf eine Benutzung der „Arcadia" hinzuweisen, der Montemayor nun einmal wie einer Vorratskammer Material und Gedanken entlieh, um sie, seinem Geschmack entsprechend umgestaltet, auf's Neue zu verwerten. In der zehnten Prosa beschreibt Sanazzaro das Grabmal der Massilia, und es ist um so

---

[1] Nach Dunlop (S. 35) sollen „viele der Ereignisse und Namen" jener Erzählung des Eustathius in die „Diana" übertragen sein — eine Angabe, welche die Zahl der Entlehnungen bei Weitem überschätzen läfst. Im Übrigen wäre die Frage berechtigt, wie Montemayor, der nicht einmal Latein verstand, den im 12. Jahrhundert in griechischer Sprache abgefafsten Roman des Eustathius benutzen konnte. Nun liefs sich allerdings, auch mit Zuhülfenahme des Kataloges Salvá's, eine ältere Übersetzung dieses Werkes in's Spanische nicht nachweisen; doch erwähnt der anonyme Herausgeber einer deutschen Übertragung (Leipzig 1663) in der Vorrede einen Lelius Caranus, der den Roman noch vor dem Erscheinen der lateinischen von Gilbertus Gaulminus (Paris 1618) in's „Wälsche", d. h. wohl in's Italienische, übersetzt habe. Wir müssen nun zwar dahingestellt sein lassen, ob Montemayor diese uns unbekannte Version bereits benutzt haben kann; auf alle Fälle geht aber aus den verschiedenen Übersetzungen in's Lateinische, Italienische und Deutsche doch soviel hervor, dafs die Erzählung des Eustathius frühzeitig bekannt und beliebt war, so dafs die Benutzung einer Übersetzung derselben seitens Montemayor's in der Mitte des 16. Jahrhunderts nichts Auffallendes haben kann.

wahrscheinlicher, dafs Montemayor beim Sinnen auf Sehenswürdigkeiten durch diesen Präcedenzfall zu seiner etwas wunderlichen Wahl veranlafst wurde, als sein Mausoleum in mehreren Einzelheiten, so z. B. den daran befindlichen skulpturellen Darstellungen, dem lebendigen Zaun, der es umgiebt etc., auffällig an das erstere erinnert.

Nach der Besichtigung des Gartens tritt ein Stillstand in der Handlung des Romanes ein, den erst die gewaltsame Heilung der liebeskranken Hirten unterbricht. Es spricht wenig für Montemayor's Streben nach Originalität, oder für seine Erfindungsgabe, dafs er sich zur Herbeiführung dieser Metamorphose keines besseren Mittels zu bedienen wufste als des altbekannten, trivialen Zaubertrankes, dessen Vorstellung vielleicht älter ist als alle Litteratur und den man, wo nicht aus den alten griechischen Romanen eines Achilles Tatius und Anderer, so doch aus vielen Dichtungen des Mittelalters und der neueren Zeit, wir erinnern nur an Bojardo's „Orlando Inamorato", zur Genüge kannte, so dafs wir es gar nicht erst unternehmen, aus der Erwähnung desselben auch in der „Arcadia" (9. Prosa) der Vermutung einer etwaigen Entlehnung daher Raum zu geben. Allerdings wäre diese Annahme dadurch besonders nahegelegt, dafs Sanazzaro von einem Wasser spricht, welches, verschieden von den gewöhnlichen Zaubertränken, Liebe in Gleichgültigkeit verwandelt — ein Prozefs, wie er sich an der Hauptperson des spanischen Romans thatsächlich vollzieht.

Mit der Sinneswandelung der drei Schäfer sind die Begebenheiten der Haupthandlung, bei denen von Erfindung überhaupt die Rede sein kann, erschöpft. Wir wenden uns daher von der eigentlichen Erzählung ab, um noch kurz über die Originalität der in das Ganze eingelegten vier episodischen Erzählungen zu handeln. Wie nach dem Bisherigen zu erwarten, zeigt Montemayor auch in diesen im Grofsen und Ganzen wenig Selbständigkeit. Nur für die Geschichte Belisa's wollte es nicht gelingen, die Benutzung eines Vorbildes nachzuweisen, doch sei bemerkt, dafs auch keine unter allen schlechter erdacht sein kann als gerade diese, so dafs wir nicht wissen, ob der Verfasser mehr wegen der armseligen Erfindung des ganzen Planes zu tadeln wäre oder wegen des schlechten Geschmackes, den er andernfalls mit einer derartigen Entlehnung bewiesen haben würde.

Sicherer als bei Belisa's Erzählung, der wir eine auf Kosten aller Wahrscheinlichkeit erkaufte Neuheit abzusprechen nicht in der Lage sind, läfst sich der Ursprung der Geschichte Felismena's (II. B.) nachweisen, deren verwickeltes Liebesabenteuer sich in den wesentlichen Punkten ebenfalls bereits bei Eustathius erzählt findet, der im neunten Buche seines Romanes berichtet, wie die vornehme Rhodope mit Hülfe ihrer Zofe die Liebe eines jungen Mannes zu gewinnen trachtet, der mit letzterer selbst bereits ein intimes Verhältnis hat. Ganz wie in dem griechischen Romane entwickelt sich der sehr komplizierte Konflikt auch in der „Diana" daraus, dafs zwei Liebhaberinnen den nämlichen Geliebten haben, und dafs die in ihren Ansprüchen berechtigtere der Nebenbuhlerin zur Erreichung ihrer Zwecke behülflich sein mufs. Sieht man von dem verschiedenartigen Ausgang der beiden Erzählungen ab, so liegt die einzige erhebliche Abweichung bei Montemayor nur darin, dafs die zur Vermittlerrolle gezwungene Geliebte nicht im Dienste der Nebenbuhlerin, sondern des eigenen Geliebten steht, in dessen Hause sie unerkannt Stellung als Page gefunden hat. Letzteres wird durch eine Verkleidung ermöglicht, eine Erfindung, von der wir nicht gewifs sind, ob sie dem Verfasser der „Diana" zugeschrieben werden darf. „Verkleidete Frauen", sagt Dunlop einmal (S. 291), „welche im Interesse ihrer Leidenschaft ihren Liebhabern als Pagen oder in sonstiger Eigenschaft dienen, sind in den italienischen Novellen und den altenglischen Schauspielen sehr gewöhnlich"; gleichwohl vermochten wir weder in den Cento Novelle Antiche noch bei Boccaccio oder seinen älteren italienischen Nachahmern ein Beispiel hierfür zu finden, und auch Dunlop selbst erwähnt keinen Fall aus der Zeit vor Cinthio, dessen „Hecatommithi ovvero Cento Novelle" erst 1565 veröffentlicht wurden. Dagegen scheint die „Diana" ihrerseits viel zum Bekanntwerden dieses wenig sittsamen Auskunftsmittels einer Liebenden beigetragen zu haben. Mit Übergehung mehrerer alten englischen Lustspiele, die dasselbe wohl erst Shakespeare entlehnten, erinnern wir nur an das mitunter Calderon zugeschriebene Lustspiel „La Española en Florencia", sowie besonders an Lope's de Rueda „Comedia de los Engaños" (gedruckt 1567), welche der Erzählung in der „Diana" auch insofern gleicht, als sich die Dame, der Marcelo den Hof macht, ebenfalls in dessen Pagen verliebt — eine gut ersonnene Wendung, die bei Eustathius unmöglich war. Freilich darf dieser glückliche Einfall und die dadurch geschaffene, sehr wirkungsvolle Verwicklung nicht auf Rechnung Montemayor's gesetzt werden; vielmehr verwertete er an dieser Stelle nur denselben Gedanken, der der vorangehenden episodischen Erzählung der Selvagia (I. B.) als Hauptmotiv zu Grunde liegt und der nach Dunlop (S. 353) einem italienischen Hirtendrama entnommen ist.

Ganz wie in dem einen Teile der Geschichte Felismena's bildet auch in der Erzählung der soeben genannten Schäferin den Hauptgegenstand des Interesses der wunderliche Liebeshandel mehrerer Personen, deren jegliche in eine andere, nur nicht in die verliebt ist, bei welcher ihre Neigung sicher Erwiderung finden würde; und auch hier wird diese brouillerie d'amour durch eine Verkleidung angebahnt. Leider vermochten wir unter der Masse der alten italienischen Schäferdramen das von Dunlop nicht näher bezeichnete Vorbild Montemayor's nicht herauszufinden; wie alt die von letzterem verarbeitete Idee ist, geht aber daraus hervor, dafs schon Moschus in der sechsten Idylle die Liebe des Pan zur

Echo besingt, welche für den Satyr entbrannt war, der seinerseits Lyda liebte u. s. f.

Es bleibt nun noch eine der episodischen Erzählungen der „Diana" zu behandeln, nämlich die Geschichte vom Abencerrajen und der schönen Xarifa, eine Komposition, die in ihrer gefälligen Darstellung und mit ihrer einfachen, aber fesselnden und bewundernswert entwickelten Handlung eine wahre Oase in der Wüstenei der endlosen Liebesseufzer, der sentimentalen Klagen und der unnatürlichen Wundergeschichten bildet, mit denen die „Diana" sonst angefüllt ist. Umsomehr ist es im Interesse Montemayor's zu bedauern, dafs sich im ganzen Romane nichts findet, worauf er weniger Autorrechte geltend zu machen hätte, als auf diese anmutige Erzählung. Was zunächst den Stoff derselben betrifft — eine Begebenheit aus den letzten Kriegen der Spanier gegen die Mauren — so beruht derselbe überhaupt nicht auf dichterischer Fiktion, sondern auf einer historischen Thatsache. Zum wenigsten stellen sie als solche Duran (Bibl. de Autores Esp., „Romancero General" II, S. 103 und 112 Anm.) und der gelehrte Geschichtsschreiber Antonio Conde hin, welch' letzterer das Vorkommnis am Ende seiner „Historia de la dominacion de los árabes en España" (III, 262) unter dem Titel einer „Anecdota curiosa" in kurzen Worten berichtet, auch hinzufügt, dafs „*esta aventura fué muy celebrada de los buenos caballeros de Granada y cantada en los versos de los mejores ingenios de entonces*". Hieraus geht hervor, dafs wir es in der fraglichen Episode der „Diana" nur mit der Wiedergabe einer Erzählung zu thun haben, die im Volksmund noch gar nicht lange vorher gäng und gäbe gewesen war, die man poetisch verherrlicht hatte und welche, nebenher gesagt, dem nationalen Bewufstsein viel zu schmeichelhaft war, als dafs sie schon um die Mitte des 16. Jahrhunderts hätte vergessen sein sollen.[1] Im Gegenteil scheint sich die Sage von dem tapferen Mauren gerade in jener Zeit einer besonderen Beliebtheit erfreut zu haben, da sich eben damals selbst die Novellistik derselben bemächtigte und noch vor Montemayor eine kleine Erzählung über den Gegenstand schuf, deren sich die gewandteste Feder rühmen könnte. Gleichwohl ist es nicht wahrscheinlich, dafs die vielgelesene „Historia del Abencerraje" des Antonio de Villegas das Vorbild für die Episode des Schäferromans gewesen sein sollte, wie Ticknor mit Bestimmtheit annimmt. (II, 240, Anm.). Denn obgleich die

---

[1] Entstanden doch noch lange nach dem Erscheinen der „Diana", als das Romanzenmachen in Aufnahme kam, eine ganze Reihe sogenannter romances fronterizos — Grenzromanzen — die denselben Stoff behandeln, und welche nach Duran (Romancero General, II, 112 Anm. 3) „anderen, älteren" nachgebildet sind. (S. Rom. Gen., No. 1089—1094). Das längste dieser auf ächtem, sagenhaften Grund entstandenen Gedichte aus der 2. Hälfte des 16. Jahrhunderts, welches in seiner novellistischen Einkleidung schon stark an die romances moriscos erinnert, war nach Duran sogar als fliegendes Blatt verbreitet, gewifs ein Beweis für die allgemeine Beliebtheit jener Erzählung. (S. auch F. Wolf: „Über die Romanzendichtung der Spanier", S. 332).

Ähnlichkeit in der Darstellung beider Autoren eine derartige ist, dafs eine sehr nahe Verwandtschaft der beiden Redaktionen für sicher gelten mufs, so kann von einer Nachahmung der Novelle doch schon deshalb nicht wohl die Rede sein, weil sich die Geschichte vom Abencerrajen bereits in der Ausgabe der „Diana" vom Jahre 1561, Valladolid, findet (vgl. Salvá, No. 1063), während die Novelle des Villegas erst ganze vier Jahre später, nämlich in dessen 1565 gedrucktem „Inventario", zum ersten Male veröffentlicht wurde (Ticknor II, 238 Anm.). Ticknor's Annahme wäre also nur aufrecht zu erhalten, wenn man an eine unehrliche Benutzung des schon im Jahre 1550 druckfertigen (Ticknor II, 238) Manuskriptes des Villegas glauben wollte, doch liegt es angesichts der geringen Wahrscheinlichkeit einer derartigen Voraussetzung wohl näher, beide Bearbeitungen auf irgend eine ältere, dritte zurückzuführen, der ein jeder der beiden Autoren selbständig gefolgt sein wird, ohne andere als geringfügige stilistische Änderungen vorzunehmen. Diese Annahme gewinnt dadurch an Wahrscheinlichkeit, dafs bei Salvá ein undatiertes, älteres[1] Büchlein angeführt wird, welches dasselbe Abenteuer berichtet, und es wäre recht wohl möglich, dafs Salvá, der Ticknor's Ansicht ebenso wenig teilt als wir, mit der Vermutung Recht hat, dafs nicht die Novelle des Villegas, sondern eben jene alte Erzählung das Vorbild der Episode der „Diana" und — fügen wir hinzu — der Novelle des Villegas gewesen sei.[2] Gewifsheit hierüber zu erlangen, dürfte freilich bei der grofsen Seltenheit jenes Werkchens sehr schwer halten, indessen ist die Frage nach dem eigentlichen Vorbild der in Rede stehenden Episode nur von secundärer Bedeutung, wo es aus der Ähnlichkeit derselben mit der Novelle klar hervorgeht, dafs sie nichts als die sklavische Kopie eines fremden Musters ist.

Eine derartige, an Diebstahl grenzende Entlehnung, wie sie Montemayor sonst nirgend vorzuwerfen war, könnte an sich allein schon zu der Vermutung führen, dafs es überhaupt nicht der Verfasser der „Diana" war, der die maurische Geschichte dem Romane nachträglich einverleibte, doch läfst obendrein auch das Wesen dieser ganz und gar nicht in den Rahmen des Schäferromans passenden Erzählung an ihrer Authenticität zweifeln. Man vermag nicht einzusehen, wie der Verfasser nach Jahren noch auf die Idee gekommen sein sollte, seinen sentimentalen Hirten, die für nichts

---

[1] Wie aus der folgenden Anmerkung ersichtlich, hält Salvá dasselbe für älter als die Ausgabe der „Diana" vom Jahre 1561, und wohl mit Recht, wenn wir nach der breiten Ausführlichkeit urteilen, mit welcher der Titel die Geschichte als etwas anscheinend ganz Neues ankündigt.

[2] *Salvá, Cat. No.* 1063: *Fácilmente podria suponerse la sacó de otro librillo ... intitulado: Parte de la Corónica del ínclito infante D. Fernando, que ganó á Antequera: en la cual trata como se casáron á hurto el Abendaraxe Abindarraez con la linda Xarifa, hija de Alcayde de Coin, y de la gentileza y liberalidad que con ellos usó el noble caballero Rodrigo de Narbaez, Alcaide de Antequera y Alora, y ellos con él.* Ohne Jahrzahl.

als ihre unglückliche Liebe Sinn haben, ein Abenteuer aufzutischen, das einer ihnen völlig fremden Lebenssphäre entnommen ist und ihnen nicht minder unerwartet als dem Leser kommt, ganz abgesehen davon, dafs das Verhalten des Abindarraez, der um seiner Xarifa willen zehn Ritter in den Sand werfen will, eher geeignet war, ein Gefühl tiefer Beschämung in ihnen hervorzurufen, als sie zu ergötzen. Eine Bemerkung Salvá's (Catálogo No. 1909 u. 10. Anm.), nach der die Geschichte von dem Mauren sich zum ersten Male in der erwähnten, zu Valladolid erschienenen Ausgabe der „Diana" findet, einem Druck, der nach seiner vom 10. Oktober 1561 datierten Druckerlaubnis erst nach dem Tode des Verfassers von einem gewissen Francisco Fernandez de Córdova veranstaltet wurde, läfst denn auch keinen Zweifel, dafs es sicher nicht Montemayor, sondern eben jener Fernandez de Córdova war, der die fragliche Erzählung nach des Autors Tode als Episode dem Romane einverleibte, bei dem sie fortan verblieb.[1]

Mit der vorstehenden Besprechung schliefsen wir die Erörterung über die Neuheit des in der „Diana" Gebotenen ab. Blicken wir am Schlufs derselben auf die im Einzelnen gewonnenen Resultate noch einmal zurück, so kann nicht anders gesagt werden, als dafs Montemayor den Werken fremder Autoren viel zu verdanken hat; soviel, dafs an Ereignissen, die wirklich auf selbständiger Erfindung beruhen, in der „Diana" kaum noch Etwas übrig bleibt; wir können dahin nur den Vorfall mit den Wilden und Belisa's Liebesabenteuer rechnen — Begebenheiten, die indessen von einer so unbehülflichen Erfindung zeugen, dafs sie an einem Gesamturteil über den Gegenstand der bisherigen Untersuchung nichts zu ändern vermögen:

Montemayor war kein Romanschreiber, der in schöpferischer Kraft neue, grundlegende Ideen zu ersinnen wufste; die Gabe einer fruchtbaren und talentvollen, d. h. einer wahrheitsgetreuen, lebendigen und vielseitigen Erfindung, jene *viveza de imaginacion* und *fecundidad de inventiva*, welche man den Spaniern sonst mit Recht nachrühmt, darf bei dem Verfasser der „Diana" nicht gesucht werden. In dem Bewufstsein, dafs ein ausschliefslich mit Liebesklagen gefülltes Buch selbst dem Sentimentalsten seiner Leser auf die Dauer langweilig werden mufste, bemühte er sich, den Roman durch Einstreuung interessanter, meist aber recht unnötiger Begebenheiten und ganzer Erzählungen geniefsbarer zu machen, ohne dafs er doch im Stande war, ein originelles und zugleich anziehendes Ereignis zu erfinden, wenigstens nicht, ohne die natürliche Ordnung der Dinge zu verletzen. War Montemayor nun auch bei seinen zahlreichen Entlehnungen zwar nirgends der Vorwurf einer knechtischen

---

[1] Hiermit erledigt sich die Anmerkung, in welcher F. Wolf (der keine ältere, die betreffende Erzählung aufweisende Ausgabe der „Diana" als die von Alonso de Ulloa, Venedig 1568, kannte) auf Seite 156 des Supplementbandes der Litteraturgeschichte von Ticknor eben diesen Ulloa als den mutmafslichen Interpolator hinstellt.

Nachahmung zu machen, so beurteilen wir die Neuheit einer Begebenheit im Wesentlichen doch nur nach der Originalität der ihr zu Grunde liegenden Idee, die, wo sie einmal vorhanden war, sich mit geringem Aufwand von Einbildungskraft in mannigfachster Weise verarbeiten liefs; von diesem Standpunkt kann aber mit Recht behauptet werden, dafs die in der „Diana" geschilderten Ereignisse im grofsen Ganzen der Originalität und Neuheit entbehren, dafs es ihr also an einem der wesentlichsten Verdienste der romanhaften Erzählung gebricht.

Nicht günstiger liegt das Verhältnis hinsichtlich der zweiten Hauptforderung, die an ein Erzeugnis dieser Gattung von Prosadichtungen zu richten ist, nämlich betreffs der

b. Wahrscheinlichkeit der Ereignisse.

Man vermag nur schwer zu begreifen, wie Montemayor sich über diese wichtige Forderung so oft und ohne alle Bedenken hinwegsetzen konnte, dafs in der „Diana" Vorfälle, die sich nach unseren Begriffen wirklich zugetragen haben können, zu den Ausnahmen gehören. Zwar soll ihm kein Vorwurf daraus gemacht werden, dafs er, in der richtigen Würdigung des Geschmackes seiner Zeit, vielleicht auch, um sich den Schein einer klassischen Bildung zu geben, mythologische Figuren in die Handlung eingreifen läfst und damit Begebenheiten und Situationen hervorruft, welche seinen Roman zu einer Wundererzählung stempeln, in der man eine natürliche Wahrscheinlichkeit in den Grundzügen von vornherein nicht suchen wird. Die Schäferdichtungen Boccaccio's, Sanazzaro's und Anderer, wie besonders auch die späteren, schlechten Ritterromane hatten das ihre gethan, um das Gefallen an derlei wunderlichen Verirrungen allgemein zu machen. Montemayor verletzt indessen auch die Wahrscheinlichkeit, welche, wie von jeder Schöpfung der Kunst, so auch vom phantastischsten Werke der Dichtung gefordert werden mufs, wenn anders der Leser den Glauben an die vom Dichter geschaffene ideelle Wirklichkeit nicht ganz verlieren soll.

So kann man sich allenfalls vorstellen, dafs es zur Zeit der Handlung der „Diana" in der Umgebung der friedlichen Gefilde an der Ezla noch ungeschlachte Wilde gab; die Schilderung, die der Verfasser von dem Auftreten dieser abschreckend häfslichen Waldmenschen giebt, ist indessen so unnatürlich, so falsch, dafs auch der unkritischste Leser jeglicher Illusion mit Gewalt entrissen wird. Das urplötzliche Auftauchen Felismena's, die Montemayor auf der Suche nach ihrem Geliebten die pyrenäische Halbinsel durchirren, im allerbedenklichsten Augenblick aber gerade am Ort des Überfalles an der Ezla erscheinen läfst, belehrt ihn indessen ebenso wie ihre unvergleichliche Tapferkeit, wie mifslich es ist, bei der Lektüre der „Diana" an Unwahrscheinlichkeiten Anstofs zu nehmen. Liefert doch auch gleich der nächste Vorfall wieder — das Zusammen-

treffen der wandernden Hirten mit Belisa — einen Beweis, wie
wenig es dem Verfasser darauf ankommt, lebenswahr zu schildern.
Die einsame Schäferin, die während vieler Monate nur die Vögel
und die wilden Tiere des Waldes zu Zeugen ihres verzweiflungs-
vollen Schmerzes gehabt, hat bei ihrem Erwachen die zahlreiche,
ihr wildfremde Gesellschaft der Schäfer und Nymphen kaum erblickt, als sie, ohne nur ein Wort mit derselben gewechselt zu
haben, auch gleich beginnt, die ermüdeten Ankömmlinge in einer
langen Rede über die Gröfse ihres Kummers und die Ursache
ihrer, die Gipfel des Waldes bewegenden Seufzer zu unterrichten.
Und hieran schliefst die verzweifelnde Einsiedlerin, die den Nymphen
nicht einmal Zeit zu einer Antwort auf ihre eigenen Fragen läfst,
die Erzählung ihrer Schicksale, welche beinahe das ganze dritte
Buch des Romanes füllt.

Der leidige Eindruck, welchen der Leser durch diese und
andere Ungereimtheiten gleich in den ersten Büchern des Romans
empfängt, wird nun auch durch die übrigen, den ganz märchen-
haften Vorgängen im Zaubertempel folgenden Ereignisse keinesweges
abgeschwächt. An und für sich schon fade und unbedeutend,
werden dieselben nämlich einzig und allein erst durch das Eingreifen der Dianapriesterin ermöglicht, der Montemayor zu diesem
Zweck die Gabe der Divination verliehen hat. Ohne dieses arm-
selige Auskunftsmittel müfste behauptet werden, dafs Felismena auf
dem Wege, den sie blindlings und ziellos verfolgt, rein zufällig
Belisa's Geliebten entdeckt, wie denn das Wunder nicht minder
grofs ist, wenn sie in einem fremden Lande, in dem sie nichts zu
thun hat, plötzlich mit ihrem umherirrenden Don Felis zusammen-
trifft, und dies obendrein in einem Augenblicke, da letzterer eben
— gleichfalls aus unbekannten Gründen — in höchste Lebens-
gefahr geraten ist. Auch für die unwahrscheinlichen Thaten Felismena's, denen sie durch die Befreiung ihres Geliebten nunmehr
die Krone aufsetzt, entzieht sich der Verfasser indessen der Verantwortlichkeit, indem er ihre Schicksale einfach von den Aus-
sprüchen der Venus und Pallas abhängig macht, so dafs man sich
über ihr summarisches Eingreifen auch in diesem Falle nicht weiter
zu verwundern brauchte, wenn es nicht gar zu widersinnig wäre,
dafs Montemayor zwei tapfere Ritter von einer Schäferin im Kampfe
töten läfst.

Die unglaublichen Begebenheiten der eigentlichen Fabel sind
damit jedoch noch nicht zu Ende. Anstatt die wiedererwachende
Zuneigung, die Don Felis für seine Befreierin an den Tag legt,
allmälig zu wirklicher Liebe erstarken zu lassen, was unter den
obwaltenden Umständen recht natürlich gewesen wäre, läfst Montemayor zum Verdrufs des Lesers urplötzlich eine Nymphe erscheinen,
die des Ritters Wunden sofort heilen und dem Wiedererstehen
seiner Liebe durch eine Dosis Zauberwasser gewaltsam nachhelfen
mufs. Wie bei allen Ereignissen der Haupthandlung, spielen also

auch bei diesem übernatürliche, d. h. unnatürliche Beeinflussungen eine gewichtige Rolle, und selbst die Vermählung der Liebenden, die den Roman in zufriedenstellender Weise abschliefsen soll, wird unnatürlich dadurch, dafs sie ganz unnötiger Weise von einer heidnischen Priesterin und überdies im Tempel der Keuschheit vollzogen wird. Man kann sich weder denken, dafs die Schäfer dieselbe für rechtsgültig gehalten haben sollten, noch dafs nach den Satzungen des Tempels eine derartige Massenheirat in den der Keuschheit geweihten Räumen zulässig war; indessen hätte Montemayor auch schon aus triftigeren Gründen wohlgethan, die Gelegenheit zu benutzen und den Leser wenigstens am Schlusse in das Reich der Wirklichkeit zurückzuführen, anstatt seine Schäfer auch da noch unter dem Banne einer Zauberin zu belassen, welche das Unmögliche möglich macht und so die Hauptschuld an der Unwahrscheinlichkeit der eigentlichen Handlung trägt. Cervantes hat daher vollkommen Recht, wenn er vor Allem diese Dame mit ihren Zaubertränken aus dem Roman entfernt wissen will. Wollte man freilich ein ähnliches Reinigungswerk auch auf die episodischen Erzählungen ausdehnen, so dürfte von der „Diana" nicht viel übrig bleiben, denn mit Ausnahme einzelner Züge weisen auch diese kaum irgend welche Vorgänge auf, die sich mit Natur und Menschenleben vereinen liefsen.

Um dies nur an einem Beispiel, der Leidensgeschichte Selvagia's (I. B.), nachzuweisen, so ist es durchaus unglaubhaft, dafs eine fremde Schäferin, die sich mit Selvagia einen Spafs (*una burla*) machen will, gleich beim ersten, flüchtigen Zusammentreffen mit letzterer deren innige Liebe erwirbt, dafs sie ihrem eigenen Geliebten auf's Haar ähnlich sieht und später von der betrogenen Selvagia auch unbedenklich für diesen genommen wird. Mag es ferner, wenn nicht wahrscheinlich, so doch allenfalls möglich sein, dafs die ränkevolle Spafsmacherin von dem bisherigen Liebhaber, der sich ihre Eroberung zu Nutze machen will, allerdings ohne allen Grund verlassen wird, so widerspricht es doch sicher der Empfindungsweise der menschlichen Natur, und zumal der einer Schäferin Montemayor's, dafs die getäuschte Selvagia ihre Liebe nun auch augenblicklich und ohne den geringsten Skrupel auf den neuen Liebhaber überträgt — eine psychologische Abenteuerlichkeit, die wirklichen Menschen nicht zugemutet werden dürfte. Man läfst sich bei gleich aussehenden Personen jede Art von Verwechselung gefallen; nur die Liebe, welche weniger das Äufsere als vielmehr die ganze Eigenart des geliebten Wesens erfassen soll, kann sich nicht gleichgiltig für den Verlust des einen mit dem anderen Menschenexemplar trösten. Nahezu ebenso gewagt erscheint nun aber auch das Benehmen der übrigen, in den Liebeshandel verstrickten Personen. Nicht dafs der Verfasser an diesen wankelmütigen Charakteren die Launenhaftigkeit der Liebe geschildert hätte; eine derartige Annahme hiefse die Not zur Tugend

machen, da offenkundige Treulosigkeit selbst dem veränderlichsten
Liebhaber nicht zu verzeihen ist; indem Montemayor über die
Neigungen seiner Schäfer je nach Gefallen und in der willkür-
lichsten Weise disponiert, indem er einmal die Liebe der berech-
nenden Koketterie oder dem Neid über das Glück Anderer zum
Opfer fallen, das andere Mal in raschem Wechsel wieder so stark
sein läfst, dafs sie der Untreue und der Demütigung zum Trotze
Stand hält, verfolgt er nur den Zweck, schliefslich eine Verkettung
der Neigungen herbeizuführen, die der Phantasie zwar reichen
Spielraum zu gestalten scheint, die aber mit ihrem unpassenden,
fast possenhaften Charakter den Verhältnissen des wirklichen Lebens
zuwider ist und nichts als eine wunderliche Kuriosität genannt zu
werden verdient.

Ein besseres Lob gebührt der Geschichte Felismena's (II. B.),
die nach der vom Abencerrajen unstreitig den anziehendsten Teil
des Romanes bildet, wennschon zum Unterschied von letzterer die
Leichtgläubigkeit des Lesers auch in ihr auf manche harte Probe
gestellt wird. Wir erinnern nur an das Verhalten der Schäferin
ihrem heifsgeliebten Don Felis gegenüber, dessen unwürdiger Treulosigkeit sie nach allen Kräften Vorschub leistet, sowie vor Allem
an die gegen den Schlufs hin geschaffene Verwickelung, welche
in Wirklichkeit auch nicht einen Augenblick nur bestehen könnte.
Selbst für Montemayor wird dieselbe unentwirrbar dadurch, dafs er
Celia sich noch in den Pseudopagen verlieben läfst, eine Unbesonnen-
heit, welche die Bedauernswerte mit ihrem Leben büfsen mufs. Sie
verscheidet ganz unvorhergesehener Weise an Gemütserregung,
nur um den Verfasser aus der Verlegenheit zu ziehen.

Alle die absonderlichen Vorgänge im Leben Felismena's ver-
schwinden nun aber vor dem, was der unglücklichen Belisa zu-
gestofsen (III. B.). Nicht genug, dafs zwei Anbeter von ihrer Liebe
in nahezu gleichem Mafse begünstigt worden sind; dieselben standen
obendrein im Verhältnis von Vater zu Sohn, ohne dafs sie daran
denken konnten, ihrer unnatürlichen Nebenbuhlerschaft ein Ende
zu machen. In Übereinstimmung mit diesem abenteuerlichsten
aller Pläne kann denn nun auch nichts mehr gegen die Wahrheit,
nichts schlechter erdacht sein als der Hexenmeister mit seinen
Gehilfen, die Montemayor aus seiner schlimmen Lage befreien
müssen. Selbst in den Augen der Leser des 16. Jahrhunderts
wurde die Erzählung mit dieser kläglichen Erfindung auf das Niveau
des Märchens herabgedrückt, bei welchem wir eine Wahrscheinlichkeit der Ereignisse nur noch im beschränktesten Mafse suchen;
der Verfasser liefert in ihr den besten Beweis, wie wenig es ihm
darauf ankommt, die Forderungen zu erfüllen, denen sich die
Darstellungsweise eines ernsthaften Romanschreibers in dem an-
gegebenen Punkte zu unterwerfen hat. In dem für ihn völlig ver-
kehrten Bestreben, das Interesse des Lesers durch wunderliche und
seltsame Vorgänge in Spannung zu versetzen, weifs er bei seinen

aufserordentlichen Liebschaften und Abenteuern eben niemals, die
Natur vor Augen zu behalten, die selbst in Wundergeschichten bis
zu einem gewissen Grade bewahrt sein will. Daher vermögen die
in der „Diana" erzählten Ereignisse wenigstens beim modernen
Leser keine rechte Wirkung mehr hervorzubringen; es sind, wenn
man so sagen darf, phantastische, wunderliche Blasen treibende
Schaumgebilde, die hie und da einmal einen Schein von Wirklichkeit haben, die aber im Grofsen und Ganzen den Erscheinungen
des Menschenlebens zuwider sind und so den Leser stets aufserhalb der Welt des Romanes lassen.

Zu der Unwahrscheinlichkeit der Handlung, einem der Haupt-
fehler der „Diana", trägt wesentlich auch das Auftreten ihrer unnatürlichen Schäfer bei; ehe wir indessen zu den Personen des
Romanes und damit zur Ausführung des Stoffes übergehen, bleibt
letzterer selbst noch nach einer dritten, wichtigen Seite hin zu prüfen,
nämlich der

c. Mannigfaltigkeit der Ereignisse.

Man kann nicht sagen, dafs die Komposition der „Diana" in
dieser Hinsicht besondere Vollendung verriete. Der Kampf z. B.,
den Don Felis gegen die drei Ritter besteht (VIII. B.), erinnert in
so vielen Beziehungen an den Überfall der drei Wilden, dafs ihm
der Reiz der Neuheit vollständig verloren geht. Ebenso vermag
der Umschwung, welchen der Zaubertrank in des treulosen Liebhabers Gefühlen für seine Befreierin hervorruft, keine Wirkung mehr
hervorzubringen, nachdem wir kurz zuvor (V. B.) die Neigungen
Sylvano's und Selvagia's auf die nämliche Art für einander erwecken
sahen. Nur dem Zufall ist es ferner zu verdanken, dafs die im
fünften Buche erzählte, von Felismena vorgenommene Schlichtung
eines Liebeszwistes nicht schon sehr bald darauf eine Wiederholung
erfährt, zu der die allzeit hilfsbereite Schäferin alle Vorbereitungen
trifft. Am empfindlichsten macht sich aber dem Leser, der alle
Vorgänge auf natürliche und demgemäfs immer verschiedene Art
möglichst aus dem Gange der Handlung entwickelt sehen möchte,
die Eintönigkeit fühlbar, mit welcher der Verfasser zu Werke geht,
wo es gilt, die handelnden Personen in den Roman einzuführen.
Um dieselbe einmal in Zahlen zu veranschaulichen, so stehen ihm
zu dem genannten Zweck für vierzehn Personen nicht mehr als
drei Mittel zur Verfügung, die zudem keineswegs sinnreich erfunden
sind. Entweder werden dem Leser plötzlich Kämpfe vorgeführt,
in welche die Betreffenden verwickelt erscheinen, wie dies mit Felismena und Don Felis der Fall; oder sie werden von einem
Dritten rein zufällig angetroffen, was von Belisa, Arsileo, Amarilida,
den portugiesischen Hirtinnen und den drei Nymphen gilt; oder
endlich der Verfasser läfst sie, gleicherweise ganz von ungefähr,
einfach an den Ort der Handlung kommen, in welchem Falle sie
dann regelmäfsig durch ihre trübselige Miene, mehr aber noch

durch ihren schmerzerfüllten Gesang den Leser schon im Voraus
über ihren Gemütszustand orientieren müssen. In dieser Verfassung
erscheinen Sylvano, Selvagia, Filémon und der lusitanische Hirt
Danteo.

Es leuchtet ein, dafs in einem Roman, der so arm an Handlung ist, dafs das Hinzukommen einer neuen Person schon einen
bemerkenswerten Vorfall bildet, ein Mangel an Abwechslung wie
der soeben gekennzeichnete um so unangenehmer hervortreten mufs,
als die Ähnlichkeit der wichtigeren Ereignisse, von denen kaum
eines ohne entsprechendes Seitenstück bleibt, ebensowenig angethan
ist, das Interesse des Lesers rege zu halten, als endlich auch die
Einförmigkeit der schon durch ihre grofse Anzahl ermüdenden
Gespräche. Sehr zum Nachteil für das Mitgefühl, welches wir sonst
mit dem Schmerze Anderer haben, hält es Montemayor nämlich
für unumgänglich nötig, seine Schäfer ohne eine einzige Ausnahme,
und zwar immer nur durch die Liebe, tief unglücklich zu machen,
was sie indessen nicht hindert, sich über den Urquell ihrer Leiden
und letztere selbst mit der gröfsten Redseligkeit beständig zu unterhalten. Da nun aber alle diese Stiefkinder Amor's in ihrer Denk-
und Empfindungsweise zum Unglück einander auffallend ähneln,
da sie sämtlich gleich sentimental und höflich, gleichermafsen ver-
ständig und rhetorisch gebildet sind, da sich nirgend eine Person
in ihre Unterhaltungen mischt die, nach einer verschiedenen Auffassungsweise urteilend, ihren Auseinandersetzungen Leben und Abwechslung verliehe, so ist diesen immer wiederkehrenden Gesprächen
über die Liebe, ausgenommen wo sie zu spitzfindigen Untersuchungen
werden, auch stets dieselbe monotone Färbung des Schmerzes und
der Trauer, dieselbe einförmig vornehme Sprache, überhaupt der
nämliche Charakter eigen. Das geringe Interesse, welches ihnen
der nach Handlung verlangende Leser in Folge dessen entgegen
bringt, vermögen die durchgängig sehr poetischen Schäfer auch
dadurch nicht zu erhöhen, dafs sie ihrer inneren Pein zum Trotz
bei jeder Gelegenheit schmerzerfüllte Gesänge vortragen. Denn
„wie sich Schriftsteller mit Vorliebe auf dem Gebiete ergehen, auf
welchem sie besonders glänzen" (Dunlop S. 17), ist Montemayor
allenthalben im Romane bemüht, auch seine dichterische Begabung
zu zeigen, und gewöhnt uns gleich von Anfang daran, den sentimentalen, in Prosa gegebenen Klagen seiner Schäfer solche in gebundener Rede folgen zu sehen.

Sieht man von ihrer Heilung im Dianatempel und der Auf-
findung zweier lange gesuchter Liebhaber ab, so besteht in der
eintönigen Wiederkehr von Gesprächen und Gesängen die ganze,
fade Handlung der „Diana", die nur durch die episodischen Erzählungen, welche dem Leser als substantiellere Kost geboten
werden, einige Abwechslung erfährt. Freilich fehlt es auch diesen
Geschichten, welche über die Dürftigkeit in der Erfindung der
Haupthandlung natürlich nicht hinwegzutäuschen vermögen, nicht

an übereinstimmenden Zügen; ja in Ansehung der Schicksale der Hauptpersonen mufs ihnen selbst eine gewisse Manieriertheit vorgeworfen werden, die immer nur das nämliche Ziel im Auge hat. So ähneln sie sich zunächst hinsichtlich ihres Gegenstandes insofern, als sie sämtlich die Abenteuer mehrerer, in einander verliebter Personen behandeln, ohne Ausnahme also Liebesgeschichten sind. Ein zweiter, ihnen allen gemeinsamer Zug entspringt daraus, dafs sich der Verfasser nie mit einem Paare begnügt, vielmehr gleich drei, selbst vier Personen für einander Neigung fassen läfst, was am Ende stets zu gleicherweise wunderlichen Verwickelungen und gewagten Situationen führt. Aber selbst diese stimmen nun wieder darin überein, dafs die jedesmalige Hauptheldin, die in allen drei Fällen zugleich die Erzählerin ist, von einem Andern geliebt wird, ihr Herz aber an einen Dritten verloren hat, ohne doch eine Vereinigung mit diesem erhoffen zu dürfen, so dafs der Leser schliefslich in jeder dieser Episoden die Bekanntschaft einer Schäferin macht, die ebenso unglücklich geliebt worden ist als sie selbst noch liebt. — Dieser jedenfalls beabsichtigten Übereinstimmung in den Ausgängen der fraglichen Erzählungen ist es vor Allem zuzuschreiben, dafs man schwerlich eine derselben lesen wird, ohne an die anderen erinnert zu werden; doch sei zum Lobe Montemayor's gesagt, dafs sie sich andererseits auch wieder in vielen wesentlichen Zügen hinreichend von einander abheben, um die Aufmerksamkeit des Lesers nicht zu ermüden, und dafs besonders die Geschichte Felismena's an eigenartigen, auch vom kulturhistorischen Standpunkt interessanten Einzelheiten nicht arm ist. Schade nur, dafs diese Erzählungen nichts als blofse, entbehrliche Einschiebsel sind, durch welche die oben gekennzeichnete Monotonie in der eigentlichen Handlung des Romanes zwar unterbrochen, an sich aber in nichts gemildert wird; der Leser vermifst in den Ereignissen, die sich in der „Diana" thatsächlich vollziehen und die ihn mehr als alle Mitteilungen über früher Vorgefallenes interessieren sollen, bei weitem jene unterhaltende Abwechselung, jene lebendige, an Gegensätzen reiche Vielgestaltigkeit, die den Vorgängen des wirklichen Lebens eigen ist und die wir ganz besonders im Roman, der durch Kopieren desselben ergötzen soll, nicht ohne Not vermissen wollen. Auch des dritten unter jenen „Hauptverdiensten der Erzählung oder *nuda materia* eines Romanes", die Dunlop in der Neuheit, Wahrscheinlichkeit und Mannigfaltigkeit der Ereignisse erblickt, kann sich Montemayor's Erzeugnis also nur in bescheidenem Mafse rühmen, so dafs man die Ursache seiner Erfolge nach Allem weniger in der Beschaffenheit des verarbeiteten Materials, als vielmehr in der Vorzüglichkeit der Ausführung desselben wird suchen müssen. Da aber die Vollendung eines Romanes nicht unwesentlich auch von der Anlage der ganzen Erzählung, von der mehr oder weniger geschickten Gruppierung der Bestandteile des Stoffes abhängt, so erscheint es gerathen, zuvörderst noch die

II. Anordnung des Stoffes und der Episoden

der „Diana" ins Auge zu fassen.

Dies würde wenig schwierig sein, wenn der Roman eine scharf hervortretende, einheitliche Handlung aufwiese, die Verstöfse gegen die zweckmäfsige Aufeinanderfolge der einzelnen Begebenheiten leicht erkennen liefse; indessen macht die im Verhältnis zum Umfang der „Diana" ganz überraschend dürftige Fabel derselben eine eigentliche Handlung, d. h. ein willkürliches und zielbewufstes Eingreifen der Hauptpersonen, kaum nötig und entbehrt denn auch einer solchen, was die stets passiven Schäfer angeht, fast vollständig. Letztere haben nichts zu thun, als sich nacheinander auf dem Schauplatz einzufinden, den Nymphen zu folgen und sich am Ende einen Zaubertrank einflöfsen zu lassen; alles Übrige ist von vornherein bestimmt und vollzieht sich, Dank den übernatürlichen Fähigkeiten der Priefterin, von selbst. Es bedarf keiner Erörterung, dafs dieser schlimmste Fehler in der Anlage der „Diana", der Mangel einer dominierenden Haupthandlung, der zweckmäfsigen Anordnung des Stoffes sehr nachteilig werden mufste, und in der That ist der gröfsere Teil der mannigfachen Gebrechen in der Disposition des Ganzen auf ihn zurückzuführen.

Wir rechnen hierher vor Allem den Mangel einer gehörigen Entwickelung, die nicht durch noch so viele Gespräche und Gesänge, sondern eben nur auf Grundlage einer einheitlichen, lebendigen Handlung geschaffen werden konnte. Montemayor hat es nicht verstanden, die Teilnahme am Schicksal seiner Hirten allmälig im Leser wachzurufen, ihn über den Ausgang der Erzählung möglichst lange in Ungewifsheit zu lassen und dennoch seine Spannung mit deren Fortschreiten beständig zu erhöhen; es fehlt der „Diana" am Hauptreiz einer guten Prosaerzählung, der nicht in der Aufeinanderfolge langer Gespräche und seltsamer, oft unwahrscheinlicher Abenteuer liegt, der vielmehr in der Erwartung einer mit innerer Notwendigkeit sich langsam vorbereitenden Katastrophe und in der Steigerung des Interesses am Schicksal der Hauptpersonen gefunden wird.

Letztere war nur herbeizuführen, wenn die Beteiligten im Verlaufe der Handlung durch Thaten und im Kampfe gegen widrige Geschicke das Mitgefühl des Lesers erweckten und immer von Neuem belebten, wenn sie überhaupt etwas verrichteten und erlitten. Anstatt nun aber eine Person einzuführen, die das Prinzip des Bösen vertreten hätte, anstatt den Hirten die nötige Unbill in der Liebe vor unseren Augen widerfahren zu lassen, um sie auf diese Weise in Bedrängnis zu versetzen und ihnen schliefslich durch eine natürliche und zugleich aufsergewöhnliche Verkettung von Umständen aus der Not zu helfen, liefert Montemayor immer nur Beschreibungen von dem Unglück, das sie früher einmal erduldet haben und welches in jedem einzelnen Falle bereits so grofs ist, dafs an eine

Steigerung desselben nicht gedacht werden kann. Seine Personen stellen sich bei ihrem ersten Auftreten im Romane gleich so fertig, so unheilbar unglücklich dar, dafs der Leser auch ohne ihre Versicherungen in Zukunft nichts mehr für sie fürchten würde. Und in der That begegnet ihnen — ausgenommen etwa den ganz harmlos verlaufenden Zwischenfall mit den Wilden — im Verlaufe der Erzählung nicht das geringste Unangenehme, das uns um ihretwillen in Besorgnis versetzen könnte.

Ganz im Gegenteil läfst es sich der Verfasser angelegen sein, den Leser hinsichtlich der einzigen Ungewifsheit, nämlich der Frage, ob der Schäfer nicht schliefslich dennoch Erlösung harre, bei Zeiten zu beruhigen, da die Nymphen schon im zweiten Buch von einer sehr gefälligen, auch nicht eben skrupulösen Priesterin berichten, die ihr Leid sicher wenden werde.

Der Wunsch, diese dienstfertige Dame kennen zu lernen und vielleicht eine gewisse Neugier hinsichtlich ihres Heilverfahrens bilden nun bis zum fünften Buche den einzigen, kärglichen Ersatz für die zunehmende Spannung, welche in einem gut angelegten Roman die Häufung wichtiger, nach einer Katastrophe hindrängender Momente erzeugen soll. Die Einzelheiten der Sinneswandelung der Schäfer werden nun zwar gut beschrieben, doch büfsen auch diese Vorgänge wieder dadurch beträchtlich an Wirkung ein, dafs sie durch keine einheitliche Handlung zusammengehalten sind, dafs vielmehr die Aufmerksamkeit des Lesers durch ganz unnötige Zwischenfälle ermüdet und von einem Teil derselben abgelenkt wird. Denn nirgend im Romane tritt der Mangel einer gediegenen Disposition und eines einheitlichen Planes mehr hervor als in dessen letzten drei Büchern.

Nachdem wir die Schäfer stets in Gemeinschaft, nachdem wir sie auch zusammen nach dem Tempel ziehen sahen, wäre es wohl am wirksamsten gewesen, sie im Verein von ihren Leiden zu erlösen und hieran passend den Schlufs der Erzählung zu knüpfen. Statt dessen führt uns Felismena, nachdem das Heilmittel der Priesterin bereits im fünften Buche verraten und an Sireno, Sylvano und Selvagia, die dann einstweilen nach Hause geschickt werden müssen, die gewünschte Wirkung gethan, aus dem Tempel wiederum weg, um zunächst erst noch den fehlenden Arsileo zu entdecken oder richtiger herbeizuholen, worauf sie weit ab in ein fremdes Land wandert, um dort am Schlusse des Romanes ihren eigenen Liebhaber wiederzufinden. Auf diese Weise wird eine Verzögerung in der Lösung der schwebenden Konflikte verursacht, die schon deshalb nicht gut geheifsen werden kann, weil durch sie gerade die Eindrücke eine beständige Unterbrechung und daher Abschwächung erfahren, welche das Interesse im höchsten Grade in Anspruch nehmen sollen. Sie erscheint aber um so übler angebracht, als es durchaus nicht die wirkungsvollsten Vorgänge sind, um derentwillen man diese Verschleppung in Kauf nehmen mufs, da nur die endliche Vereinigung der minder hervortretenden Personen von ihr betroffen wird. Das Interesse an der Erzählung überschreitet also im fünften Buche vorzeitig den Gipfelpunkt und sinkt von da nach dem Ende hin allmälig wieder herab — ein Fehler in der Anlage, der den Roman auch eines effektvollen Schlusses beraubt. Diesem Übelstand vermag Montemayor natürlich dadurch keinesweges abzuhelfen, dafs er allen Regeln zuwider im letzten Teile noch eine ganze Anzahl neuer, dem Leser ebenso unbekannter als gleichgiltiger Schäfer einführt und bei dieser Gelegenheit ganz unnötige Schilderungen der Liebeszwistigkeiten dieser Fremdlinge giebt. Man kann sich in einem Roman, dessen Anlage nur gut ist, wenn womöglich jeder Umstand zur Herbeiführung der Katastrophe beiträgt, nichts Schlimmeres denken als Begebenheiten, welche, wie die in Frage stehenden, für den Ausgang der Erzählung auch nicht die mindeste Bedeutung haben, die im Gegenteil die Aufmerksamkeit des Lesers, nnd überdies kurz vor dem Schlusse derselben, nur unnützer Weise zersplittern und irreführen.

Überhaupt bringt der zwecklos in's Breite verlaufende letzte Teil der „Diana" mit eben jenen neu auftauchenden Personen, mit den Vorfällen die zu nichts führen, mit seinen Abschweifungen auf die Geographie und Geschichte Portugals etc. unwillkürlich den Eindruck hervor, als habe Montemayor gegen den Schlufs hin geschrieben, ohne rechte Klarheit darüber, was er zu erzählen beabsichtigte. In dieser Vermutung wird man nicht nur dadurch bestärkt, dafs er den Roman dann sehr plötzlich zu Ende führt, denn die lange hinausgeschobene Entdeckung des Don Felis erfolgt in einem Augenblick, wo man sie keineswegs erwartet; auch der Umstand scheint für sie zu sprechen, dafs Montemayor die „Diana" überhaupt nicht vollständig beendete, da er neben der Titelheldin und sämtlichen später eingeführten Schäfern zum Mifsvergnügen des Lesers auch gerade den Haupthelden einem unbekannten Schicksal überliefs — jedenfalls der beste Beweis, dafs er nicht nach einer von vornherein in allen Punkten feststehenden Disposition zu Werke ging. Wirklich geht denn auch aus den Mitteilungen, die Alonso Perez in der Vorrede seiner Fortsetzung der „Diana" macht, unmittelbar hervor, dafs Montemayor selbst Jahre nach Abfassung des Romans noch nicht recht schlüssig war, auf welche Weise er in dem versprochenen zweiten Teile seinem für „Diana" gleichgültig gewordenen Helden ein anziehenderes Loos bereiten sollte.

Um nun noch Einiges über die Anlage der episodischen Erzählungen zu bemerken, so weist dieselbe vor der des Romanes mancherlei Vorzüge auf. So vor Allem hinsichtlich der Handlung, die zwar auch in ihnen nicht reich an hervortretenden Ereignissen ist, die aber weder durch das Erscheinen unthätig bleibender Personen, noch durch unnötige Zwischenfälle gestört wird. Dazu kommt, dafs dieselbe — so verwickelt sie sich auch in Selvagia's Geschichte einmal gestaltet — einer allmäligen Entwickelung und eines interessanten Konfliktes doch in keinem Falle entbehrt, wenn schon Montemayor's Erfindungsgabe nicht immer ausreichte, letzteren in befriedigender Weise zu lösen. Ein weiteres Verdienst, dafs diese Erzählungen vor dem Romane voraus haben, kann auch darin erblickt werden, dafs in ihnen immer nur eine Person in den Vordergrund gerückt ist, um welche sich die übrige Handlung gruppiert, ein Umstand, der das Interesse des Lesers in weit höherem Mafse rege macht als dies im Romane möglich, wo er bei dem Mangel einer eigentlichen Hauptperson seine Aufmerksamkeit zwischen mehreren beständig zu teilen hat.

Will man neben kleineren Mängeln, wie z. B. der Wiedergabe von langen Gedichten und früher einmal geführten Gesprächen, die die Erzählerin z. T. Wort für Wort aus dem Stegreif wiederholen mufs, das Hauptgebrechen dieser Geschichten, ihren allzu verwickelten Konflikt, nicht weiter in Betracht ziehen, so läfst die Anlage derselben nun auch im Übrigen wenig zu wünschen, dafern man sie als selbständige Ganze betrachtet. Leider kann mit Rücksicht auf die Forderungen, denen sie in ihrer abhängigen Stellung innerhalb des Romans genügen sollten, nicht dasselbe gesagt werden. Zunächst erwächst der „Diana" schon aus der allzu grofsen Anzahl dieser Episoden Schaden, eine Ansicht, die der Interpolator der maurischen Erzählung freilich nicht geteilt zu haben scheint; letztere inbegriffen wird aber der Gang der Handlung durch diese Einschiebungen gleich in den ersten Büchern nicht weniger als viermal für lange Zeit vollständig unterbrochen.

Dieser Übelstand würde sich weniger fühlbar machen, wenn die fraglichen Erzählungen ihrer untergeordneten Bedeutung entsprechend kurz wären; die übergrofse Gedehntheit, mit der sie anheben, und die gespreizte Ausführlichkeit, mit der die redseligen Schäferinnen selbst nebensächliche Dinge erörtern, die ihnen oftmals unmöglich im Gedächtnis geblieben sein können, geben ihnen aber nicht nur eine ganz unverhältnismäfsige Länge, sie verleihen ihnen auch einen allzu selbständigen Charakter, der im Leser sehr leicht das Bewufstsein schwinden läfst, dafs er es in ihnen nur mit untergeordneten Teilen einer Haupterzählung zu thun hat. Nicht unwesentlich trägt hierzu auch der Umstand bei, dafs diese Episoden jeglichen inneren Zusammenhanges mit der vorausgehenden Handlung der „Diana" entbehren; aufser der Sprechenden tritt weder eine Person in ihnen auf, die dem Leser bereits bekannt wäre, noch enthalten sie irgend eine Begebenheit, die zu vorher geschilderten Ereignissen in Beziehung stände. Durch ihre Anzahl und Länge ermüden sie also nicht nur die Aufmerksamkeit, sie bringen den Leser auch beständig in Gefahr, den Faden der eigentlichen Erzählung zu verlieren und machen ihn für letztere um so gleichgiltiger, als die Dichtung in ihnen glücklicher als im Romane selbst ist. Man kann daher nur sagen, dafs sie die geringe Wirkung, die eine der Handlung, der Entwickelung, einer einheitlich durchgeführten Katastrophe, selbst eines befriedigenden Schlusses entbehrende Haupterzählung hervorzubringen noch im Stande ist, fast vollends zu Nichte machen, wie sie es denn auch in erster Linie verschulden, dafs Montemayor's Roman, trotz der äufserst einfachen Fabel, an einer Verwickelung leidet, die ihn, wie von Anderen schon bemerkt worden ist, zu einer keineswegs bequem verständlichen Lektüre macht. Dies ist aber eine Thatsache, welche die Anlage der „Diana" in ihrer Gesamtheit noch einmal so hinreichend charakterisiert, dafs ein Weiteres über dieselbe hinzuzufügen nicht mehr übrig bleibt.

Wir verlassen daher den Gegenstand der vorstehenden Untersuchung, um uns nunmehr dem dritten, wichtigen Punkte zuzuwenden, welcher neben der Natur des Stoffes und der Anordnung der Ereignisse zur gehörigen Würdigung eines Romans vor Allem in's Auge zu fassen ist, nämlich der weiteren

III. Ausführung des Stoffes.
a) Stil der „Diana".

So guten Grund man hat, die „Diana" ein schwer verständliches Werk zu nennen — die in ihr herrschende Ausdrucksweise wird von diesem Vorwurf nur wenig betroffen. Zwar ist nicht zu leugnen, dafs die Klarheit der letzteren nicht selten unter einer gewissen Weitschweifigkeit sowie dem Bestreben leidet, an sich oft recht einfache Gedanken in studierter Umschreibung wieder zu geben; mit Ausnahme der Gespräche und der philosophierenden Betrachtungen über die Natur der Liebe, wie sie sich besonders im vierten Buche finden, machen sich die erwähnten Mängel, zugleich die Hauptgebrechen im Stile der „Diana", jedoch nirgend in dem Mafse fühlbar, dafs sie am mühelosen Verstehen des Gesagten hinderten. Was aber die Punkte anbetrifft, die sonst hauptsächlich noch Ursache zur Unverständlichkeit werden könnten, so läfst sich Montemayor, soweit wir es zu beurteilen vermögen, im Allgemeinen keine Verstöfse zu Schulden kommen. Seine Perioden sind wohl an einander gereiht und ermangeln nicht der gegenseitigen logischen Beziehung; die einzelnen Satzgefüge sind in sich übersichtlich und den Denkgesetzen gemäfs geordnet und so beschaffen, dafs sich der Verstand des Lesers der Auffassungsweise des Verfassers meist ohne Mühe anbequemen kann, selbst wo sie noch zuweilen der wünschenswerten Präcision und Gedrungenheit entbehren; auch haben wir beim besten Willen sinnentstellende, etwa gar absichtliche Zweideutigkeiten, wie sie Perez der „Diana" im Prolog zu seiner Fortsetzung nachrühmt, in ersterer nicht zu entdecken vermocht. Was aber endlich den Wortschatz Montemayor's angeht, so ist derselbe, trotz seiner anerkannten Reichhaltigkeit, von provinziellen, fremden und selbstgebildeten Wörtern frei, auch weist er eine wider Erwarten geringe Anzahl solcher auf, die moderne Wörterbücher, wie z. B. das von Salvá, als veraltet bezeichnen.

Neben ihrer Reinheit und Verständlichkeit, wobei man an Einfachkeit freilich nicht denken darf, verdient die Prosa Montemayor's auch um der anderen Eigenschaften, die von einem guten Stile zu fordern sind, d. h. um ihrer Wirksamkeit und Anmut willen gelobt zu werden. Ohne an antiken Mustern die mannigfachen Kunstgriffe zur Belebung der Vorstellung studiert zu haben, verwendet der Verfasser, vielleicht halb unbewufst, eine Menge grammatischer und rhetorischer Figuren und Formen, welche die Aufmerksamkeit wecken und den Eindruck des Gesagten vertiefen; Beschreibungen wechseln mit Darstellungen von Gemütszuständen, mit Selbst- und Zwiegesprächen, mit Betrachtungen und Erzählungen ab; und alles dies ist in eine gleichmäfsig elegante und geschmeidige Form gekleidet, in einer sorgfältig studierten, auch das geringste Anstöfsige vermeidenden Redeweise wiedergegeben, deren oberstes Gesetz weniger im Eigentümlichen, als vielmehr im Gewählten des Ausdrucks zu liegen scheint.

So sehr die Gemessenheit, in der sich die mit volltönenden Beiwörtern reichlich ausgeschmückte Rede bewegt, so sehr überhaupt das allenthalben zu Tage tretende Streben nach Erhabenheit, nach Hoheit und vornehmer Würde der stilistischen Schönheit des Ganzen nun auch zu Gute kommt, so raubt es freilich andrerseits der pomphaften, oftmals mehr wort- als sinnreichen Sprache der „Diana" den Charakter des Einfachen und Wahren, des ungezwungen Natürlichen, vollständig, und wird in den Dialogen überdies Ursache zu einer ermüdenden Einförmigkeit der Stilform, die sich um so unangenehmer bemerkbar macht, als man gerade da, wo mehrere Personen sprechen, einen Wechsel verschiedener Ausdrucksweisen als selbstverständlich erwartet. Sehr im Gegensatz zu der doch bei Weitem älteren „Celestina" z. B., die bereits ein wahres Repertorium verschiedener Redeweisen enthält, sprechen die Schäfer und Schäferinnen der „Diana" samt und sonders genau die nämliche Sprache, und selbst die ungeschlachten Wilden wissen keinen Ton anzuschlagen, der sie von den zärtlich-sentimentalen Hirten unterschiede. Alles, was den Reden der Auftretenden eine ihrem Charakter und ihrer Bildungsstufe entsprechende individuelle Färbung verleihen könnte, alles Volkstümliche, Originelle oder der niederen Umgangssprache Angehörige wird von Montemayor eben einem unangebrachten, pathetischen Schwunge, unnötigen Umschreibungen, Übertreibungen und einer geschmeidig-höflichen, der spitzfindigen scholastischen Dialektik nachgeahmten Beredtsamkeit geopfert, die zu seiner Zeit zwar gangbare Münze war, die sich aber im Munde armer, unglücklicher Schäfer sehr lächerlich ausnimmt. So beginnt, um das Gesagte an einem der unzähligen Beispiele zu veranschaulichen, Selvagia bei ihrem ersten Erscheinen die Hirten mit den Worten anzureden: „Was thut Ihr, o ungeliebte Schäfer, auf dieser grünen und anmutigen Aue?" Ein andermal beweist Sylvano seinem Nebenbuhler, dafs er nicht umhin könne ihn zu lieben, da eben Alles, was Diana einst verehrt, ihm teuer sei; auch brauche ihm Sireno keinen Dank für sein Mitgefühl zu wissen, da er dermafsen für den Kummer geschaffen sei, dafs Glück ihn stets nur schmerzen müfste. Wir wissen nun zwar nicht, ob Sireno diese Rede ohne Weiteres verstand; der gerührte Rivale giebt aber gleich ein Beispiel für Montemayor's Art zu umschreiben, indem er entgegnet: „Wolle Gott, dafs mich die Liebe ein unmögliches Glück ersehnen lasse, wenn es etwas im Leben giebt, das mich dasselbe leichter ertragen liefse als der Umgang mit Dir" u. s. f. (I. B.).

Es bedarf keines Hinweises, dafs derartige geschraubte, nicht ohne weiteres verständliche Reden, wie sie in den Dialogen häufig sind, mit den Ergüssen wahrer Empfindung nichts zu thun haben. Von einem grübelnden Geist, der, wie Sismondi sagt (II, 161) pedantisch wird, so oft er tief- oder scharfsinnig sein will, ersonnen, erschweren sie zusammen mit einer von der Unwahrheit des ganzen Buches in hohem Grade angesteckten Sprache das Verständnis der Gespräche und thuen nicht nur deren Lebendigkeit Abbruch, wozu die strikte Aufrechterhaltung einer steifen Hirtenetikette das ihre beiträgt; sie lassen auch nicht einen Schimmer von Natur und Wahrheit in ihnen zurück. Selbst da, wo wirklich nur das Gefühl sich äufsern soll, ist die pathetische Redseligkeit Montemayor's umsonst bemüht, eine Sprache wiederzugeben, deren feurig Liebende sich bedienen — eine Schwierigkeit, die zu überwinden den spanischen Dramatikern vorbehalten blieb. Freilich, verlassen wir einen Gesichtspunkt, der im Schäferroman einmal immer nur unerquickliche Mängel entdecken läfst, um mit den in der Kunst des Schreibens nach Regel und Gesetz wie auch den scholastischen Redeformen viel vertrauteren Lesern des 16. Jahrhunderts weniger den Sinn und die Zweckmäfsigkeit, als hauptsächlich die Form jener Erörterungen über die Liebe in Betracht zu ziehen, so mufs allerdings gesagt werden, dafs sie mit ihrer in behaglicher Breite sich ergehenden, studiert methodischen und dennoch gewandten Sprache, und bei ihrer alles Frivole, Ironische, ja selbst Humoristische vermeidenden Würde mit der etwas umständlichen Eleganz der sonstigen Darstellungsweise Montemayor's gut zusammen stimmen, und ebenso wie letztere für den Fleifs und die Sorgfalt zeugen, die der Verfasser auf den Ausdruck verwandte. In der richtigen Würdigung des Geschmackes einer vornehmen, ceremoniellen Umgangsformen ergebenen Gesellschaft, die das Schöne und anscheinend Geistvolle dem Wahren, die Vollendung der Form der Gediegenheit des Inhaltes vorzog, war es eben der Stil, dem er seine Aufmerksamkeit vor Allem widmen zu müssen glaubte, und liefs sich von der Beschaffenheit des Stoffes kaum Etwas rühmen, das die Anziehungskraft der „Diana" erklärlich machte, so sind deren Erfolge nun allerdings auch auf die Sprache, und zwar, wie wir meinen, zum gröfsten Teile auf diese, zurückzuführen.

Wenigstens ist gerade dasjenige Element, welches neben dem Stile für das Wohlgefallen an einem Romane am Wesentlichsten in Betracht kommt, d. h. die

b) **Zeichnung der Charaktere**,

nicht der Art, dafs der Verfasser irgend welche Wirkung erzielt haben könnte. Obgleich seine Schäfer ohne Ausnahme sehr ungewöhnliche Erscheinungen sind, vermag doch keiner derselben in besonderem Mafse für sich zu interessieren, da die Charaktere dieser problematischen Menschen nicht nur alle nach einer Schablone, sondern überdies höchst ungenau und unwahr gezeichnet sind. Was zunächst den Mangel an Verschiedenheit im Wesen der Unglücklichen betrifft, so giebt sich derselbe vor Allem schon in der Uebereinstimmung ihrer Sprache kund, die, wie bereits hervorgehoben, aller individualisierenden, den jeweiligen Sprecher kenntlich machenden Züge entbehrt. Und dennoch bleibt man nur auf die Reden der Schäfer angewiesen, um ihre Charaktereigenschaften zu studieren, da sie nichts verrichten, was Gelegenheit gäbe, letztere aus Handlungen kennen zu lernen. Ebenso sehr als durch die Gleichheit der Sprache und den Mangel an Handlung wird ein plastischeres Hervortreten der Einzelnen nun aber auch dadurch verhindert, dafs sie sich in ihren Gesprächen bei Weitem nicht vielseitig genug zu erkennen geben, da die Schäfer und Schäferinnen der „Diana" es durchaus verschmähen, sich über Dinge zu unterhalten, die nicht auf die Liebe Bezug haben, so dafs dem Leser bei dieser nur einen Teil des Gefühlslebens berücksichtigenden Einseitigkeit alle sonstigen, zu einem Charakterbilde unentbehrlichen Züge verborgen bleiben. Selbst unter diesen Umständen liefse sich indessen noch mancherlei auf das Wesen der einzelnen Personen schliefsen, dafern sie sich, wenn nicht in ihrer Ausdrucks-, so doch in der Auffassungs- und Empfindungsweise von einander unterschieden. Unglücklicherweise hält es Montemayor jedoch für unumgänglich nötig, nur höchst tugendhafte, edelgesinnte und zart empfindende, ohne Ausnahme auch mit der Mythologie und den scholastischen Redeformen einigermafsen vertraute Personen zu Helden des Romanes zu machen — Leute also, bei denen ein Auseinandergehen der Meinungen und der Anschauungsweise von vorn herein schon gar nicht zu erwarten ist.

Kommt nun noch hinzu, dafs sie sämmtlich durch die Liebe tief unglücklich geworden sein müssen, dafs sich auch nicht ein einziger Zufriedener unter ihnen findet, der den trübseligen Betrachtungen und Klagen der Uebrigen freiere Ansichten entgegensetzte, so kann man sich denken, wie wenig die in der „Diana" enthaltenen Gespräche auch ihrem Inhalt nach angethan sind, die Schattengestalten Montemayor's zu charakterisieren. Zu diesem Mangel, der den Leser des Genusses beraubt, Charaktere zu studieren, die sich leicht und bestimmt aus Reden und Handlungen allmälig kund geben, gesellt sich als weiterer Uebelstand, dafs die Hirten Montemayor's auch unwahr gezeichnet sind, sowohl als Menschen wie im Besonderen als Schäfer. So kann man sich durchaus nicht denken, dafs die Nebenbuhler Sireno und Sylvano bei ihrer leidenschaftlichen Liebe zu Diana einander innig als Freunde verehrt, ja an Edelmut sich soweit überboten haben sollten, dafs der eine die erfolglosen Bemühungen des andern noch beklagt (I. B.); nicht minder unnatürlich ist es, wenn Belisa Vater und Sohn liebt (*este tyrano* [*scil. Amor*] *no tan solamente me hizo amar a Arsileo, mas aun á Arsenio su padre*, III. B.), wenn ferner Felismena aus Liebe zu dem treulosen Don Felis sich bei ihrer eigenen Rivalin für diesen und umgekehrt verwendet u. s. w.

Aufser derartigen, dem menschlichen Wesen an sich schon widerstrebenden Ungereimtheiten läfst nun aber noch eine Menge anderer Verstöfse keinen Augenblick den Glauben aufkommen, dafs wir in Montemayor's Gestalten auch wirkliche, wennschon etwas idealisierte Schäfer vor uns haben. Ohne auf ihre gewählte, hoch über der gewöhnlichen Umgangssprache selbst Gebildeter stehende Ausdrucksweise zurückkommen zu wollen, erinnern wir nur an ihre Sucht, Gelehrsamkeit und Kenntnisse zu zeigen, an die unnatürliche Uebertreibung, mit der sie die Gröfse ihres Schmerzes schildern, an ihr Bestreben, einfache Gedanken künstlich umschrieben wieder zu geben und in abstrakten Erörterungen über die Liebe durch Scharfsinn zu glänzen — kurz, an eine Menge von Zügen, die ihrer Gemüts- und Verstandesbildung mitunter alle Ehre machen, die aber nirgends schlechter angebracht sein können als bei Menschen, die gerade um ihrer ungezierten, natürlichen Sprache und ihrer ländlich-naiven Einfalt willen gefallen sollten. Natürlich werden die wunderlichen Figuren Montemayor's auch dadurch endlich irdischen Schäfern nicht ähnlicher, dafs sie sich besonders auch der gröfsten Höflichkeit im gegenseitigen Verkehr befleifsigen; ihrer Tasche und des Hirtenstabes, ja selbst der Herden ungeachtet, die sie für gewöhnlich übrigens der Obhut des ersten besten Anderen überlassen, wird der Leser darum nur um so eher in ihnen Das erblicken, wofür wir sie nach Allem hinstellen möchten, nämlich unwahre, phantastische Schattenwesen mit den Allüren Derer, zu welchen ihr Erzeuger selbst gehörte, d. h. von Schöngeistern aus der Umgebung des damaligen Hofes.

Die sehr unbefriedigende Darstellung von Personen und Charakteren — eine der Hauptschwächen der „Diana" — mag nun freilich dadurch einigermafsen erklärlich werden, dafs Montemayor in erster Linie überhaupt nicht Handlungen und Personen wird haben schildern wollen; und in der That verdienen jene unvollkommenen Phantasiegebilde, die von Schäfern nichts als wenige Äufserlichkeiten an sich haben, nur mehr insofern Beachtung, als sie die Träger der

c) **Empfindungen und Gefühle**
sind, welche den Verfasser selbst beseelten und deren Darstellung
in Folgendem kurz besprochen sei. Lagen, wie früher erwähnt, die innersten Ursachen zur Entstehung der „Diana" in dem Übermafse des Schmerzes, der in einer Kundgebung nach aufsen Erleichterung suchte; stand Montemayor also bei Abfassung des Romanes unter der Herrschaft tiefer, des Arztes spottender Gemütsleiden, so darf es nicht verwundern, in letzterem auch fast nur Gefühle des Schmerzes, und zwar ausschliefslich eines solchen, wie unglückliche Liebe ihn hervorruft, wiedergegeben zu sehen. In Folge dieses Umstandes erhalten aber die in die „Diana" verwobenen Empfindungen etwas Eintöniges, bei ihrer Menge sogar Ermüdendes, das leider den Eindruck abschwächt, den sie an sich hervorzubringen im Stande sind. Denn obwohl der Verfasser seine Gefühle nicht immer dem Herzen verdankte, oftmals auch die Wirkung ihrer Schilderung durch Übertreibung verdarb, so mufs ihm doch nachgerühmt werden, dafs er im Grofsen und Ganzen gut versteht, auf das Gemüt des empfänglichen Lesers zu wirken. Dies ist besonders da der Fall, wo die Äufserungen des Kummers nicht vereinzelt in die Reden der Hirten eingestreut, sondern zu ganzen Stimmungsbildern vereint sind, wie z. B. bei dem durchaus tragisch gehaltenen Zusammentreffen Felismena's mit ihrem ungetreuen Geliebten (VII. B.), vor allem aber zu Anfang der „Diana", wo Montemayor unter der Maske Sireno's ein Bild seines eigenen, schmerzdurchwühlten Inneren entrollt und seinen Gemütszustand so schön, so vielseitig und wirkungsvoll schildert, dafs er den Leser in der That zu innigem Mitgefühl anregt.

Überhaupt ist er ohne Ausnahme bestrebt, nur die sanfteren und durchaus hoheitsvolle Regungen eines hoffnungslosen Schmerzes zu schildern. Nirgend läfst er sich hinreifsen, wider ein ungünstiges Geschick oder die Untreue in wilder Leidenschaftlichkeit oder Ausbrüchen des Zorns zu toben, sie mit verletzendem Spott zu geifseln oder gar in Verwünschungen auszubrechen; nirgend wird das sittliche Gefühl des Lesers durch eine abstofsende Äufserung, durch ein einziges unschickliches Wort beleidigt. Wehmütige Erinnerungen, trübe, oft bittre Klagen und Betrachtungen sind es allein, zu denen ein Schmerz seine Zuflucht nimmt, der stets von zärtlicher, unterwürfiger, fast allzu idealistisch gehaltener Liebe beherrscht und veredelt erscheint.

Wenn irgend etwas in der „Diana", so verdient daher die Darstellung der Gefühle gelobt zu werden. In einem mit Zauberei und Unwahrscheinlichkeiten angefüllten, der Handlung und der Charakterzeichnung entbehrenden Roman sind diese sanften und hoheitsvollen Empfindungen, die weniger durch Leidenschaftlichkeit, als Innigkeit und Tiefe wirken, das Einzige, in dem die Darstellung dem Charakter einer schäferlichen Welt sich glücklich anpafst; und vermag man sich nur einigermafsen in die Stimmung des Verfassers zu versetzen und die „Diana" mit Herz und Gemüt zu lesen, was überhaupt notwendig ist, um ihr Geschmack abzugewinnen, so werden die in ihr niedergelegten Äufserungen des Schmerzes, zumal in ihrer würdevollen, verfeinerten Sprache, auch ohne die unglaubliche Menge der Thränen, die vergossen, der „langen" und „heifsen" Seufzer, die ausgestofsen werden, ergreifend, ja selbst rührend auf das Gemüt einwirken und der Phantasie eine lebendige Anschauung der Leiden liefern, die ein edles, in seiner Liebe getäuschtes Herz erduldet.

Die Klagen der Schäfer und Schäferinnen würden nun freilich immerhin noch bedeutend an Eindruck gewinnen, wenn Montemayor nicht auch in ihnen hie und da der Versuchung zu übertreiben und zu erkünsteln allzu sehr nachgäbe. So sei, um nur ein Beispiel anzuführen, vor Allem auf die Schilderung des Schmerzes der Belisa verwiesen (III. B.), deren Thränen das Gras wachsen und das Wasser eines Weihers steigen machen, deren Seufzer die Bäume des Waldes bewegen, deren Klagen wilde Tiere rühren, die aber trotzdem freiwillig in den Tod gehen würde, müfste sie annehmen, in ihrem Leide jemals irgend welchen Trost zu erfahren. Glücklicherweise bleibt nun zwar der Kummer der übrigen Schäfer der „Diana", trotzdem auch mehrere von diesen eine wahre Sucht haben unglücklich zu sein, hinter derartigen ungewöhnlichen Dimensionen zurück, doch sind auch ihre Schmerzensäufserungen durchaus nicht immer so beschaffen, dafs sie denen wirklicher Menschen glichen oder unmittelbar dem Herzen zu entstammen schienen. Letzteres zeigt sich, wie beiläufig noch bemerkt sei, unter Anderem recht deutlich darin, dafs Gefühlsäufserungen sehr häufig mit lehrhaften Betrachtungen verbunden auftreten und dafs der Schmerz bei Montemayor, wie auch bei Lope de Vega, ja selbst Shakespeare zuweilen in gesuchten Wortspielen spricht. [1]

Mehr als durch alle die genannten Mängel, die bei den sonstigen Vorzügen der Gefühlsschilderung in der „Diana" um so eher übersehen werden, als sie doch nur vereinzelt auftreten, wird das Gefallen an letzterer nun aber durch einen Zug beeinträchtigt, der im 16. Jahrhundert nicht unwesentlich zur Beliebtheit des Werkes beigetragen haben wird, nämlich durch die in dem Ganzen herrschende Sentimentalität. — Da die Hirten zur Heilung von ihrem Schmerz nichts beitragen können und nur auf Klagen beschränkt sind, so erscheinen sie in einen Zustand der Passivität

---

[1] Zum Beweise hierfür einige Beispiele, die sich sehr leicht vermehren liefsen:

„*Contarosla (scil. historia) no sera causa alguna de consuelo á mi desconsuelo, que son las dos cosas que de mi son mas aborrecidas*" (III B. 112 b).
„*Que te cuesta oir, á quien tanto le ha costado verte?*" (VI B. Bl. 189).
„*Ay, pastor, que verdaderamente parece que aprendiste en mis malos quexarte de los tuyos*" etc. (VII B. Bl. 220.)

versenkt, welcher der Empfindung die unbedingte Herrschaft über
alles thätige Streben einräumt und eine elegisch angehauchte Schwermut, eine krankhafte Weichmütigkeit, überhaupt ein empfindsames,
weinerliches Wesen erzeugt, das ihren sanften, schmerzlich zärtlichen
Gefühlen ein belebendes, energisches Element vollständig benimmt.
So sehr die letzteren durch ihre Innigkeit auch immer zu rühren
oder, wo diese durch Künstelei und Übertreibung verloren geht,
zum Mindesten durch ihren Adel zu gefallen vermögen, so
leiden sie doch an einer ermattenden Kraftlosigkeit, unter einer
fast an's Weibische grenzenden, hinschmachtenden Weichlichkeit,
die im Schreiber des Romans alles Andere als einen Soldaten aus
dem Zeitalter Karl's V. vermuten liefse. Kein Wunder daher, wenn
man die in der „Diana" zu Tage tretende Sentimentalität eher
für erkünstelt halten als zu den Charaktereigenschaften eines Mannes
gehörig betrachten möchte, der früh schon Panzer und Sturmhaube
zu tragen gelernt hatte, der vom Kaiser als mannhafter Streiter
geachtet wurde und der selbst durch sein Ende noch bezeugte,
dafs er nichts weniger als ein rat- und tatlos schmachtender Schäfer
gewesen war — und dennoch ist die letztere Annahme nicht
unwahrscheinlich. In Montemayor drängte sich thatsächlich alles
zusammen, was der Sentimentalität Nahrung giebt: ein empfäng-
liches Gefühl für Musik und besonders lyrische Dichtung, ein ernster,
auf das Gemütsleben gerichteter, zu Betrachtungen neigender Sinn,
ganz hauptsächlich aber eine unglückliche, schwärmerische Liebe,
der die Wirklichkeit feindlich entgegen steht und welche allein
schon genügt haben würde, den hoffnungslos sich quälenden Dichter
in die Welt des Ideals zurückzudrängen.

Dafs Montemayor den ihm innewohnenden Hang zur Sentimentalität nun allerdings mit besonderer Vorliebe gepflegt haben
mag, kann wohl zugegeben werden, wenn man bedenkt, dafs er
damit auch dem Geschmack seiner Zeit entgegen kam. Je mehr
sich unter der kriegerischen Regierung Karls V., wo das Interesse
der Nation in der Sucht nach Waffenruhm und Eroberungen auf-
ging, je mehr sich in jener wildbewegten Zeit die spanischen Heere
in Europa wie in Amerika mit Blut und Gräueln befleckten, je
mehr man sich, vom Rausche des Ehrgeizes getrieben, den Gefühlen
edler Menschlichkeit entfremdete, um so gröfser war das Bestreben,
wenigstens in der Poesie eine Welt zu schaffen, die in Nichts an
die abstofsenden Gebrechen der rauhen Wirklichkeit mahnte. Wie
anders wäre es sonst zu erklären, wenn Boscan, Garcilaso, Mendoza
u. s. f., Zeitgenossen Montemayor's und mit ihm Vertreter der
classischen Literatur der Spanier, Männer, welche gleich ihm sämtlich in den mörderischen Kriegen des Habsburgers mit dem Schwerte
in der Faust gekämpft hatten — wenn alle diese Dichter weich-
liche und zarte, nur Sehnsucht und unterwürfige Liebe athmende
Hirtenpoesien verfassen konnten? Ihr mit Widerwillen vor der
Wirklichkeit erfülltes Gemüt drängte sie eben, gleich Montemayor

einer Richtung zu huldigen, die wir heute wohl als fehler-, ja als krankhaft belächeln und an des letzteren Werke tadeln mögen, die aber bei den damaligen Verhältnissen etwas recht sehr Natürliches, Erfolg Garantierendes hat und der die „Diana" denn auch, neben der Hoheit und Zartheit der in ihr zum Ausdruck gebrachten Gefühle, ihre Beliebtheit zu einem sehr grofsen Teile verdankt haben wird. — Bei weitem weniger als durch die Darstellung von Gemütszuständen gewinnt die Anziehungskraft unserer Dichtung durch das letzte der von Dunlop angeführten Elemente, welches zur Ausschmückung vor Allem des Schäferromans mit vielem Glücke zu verwerten war, nämlich durch

d) Beschreibungen.

Der Autor scheint sich der vorteilhaften Wirkung, die mit solchen in seinem an Handlung armen Erzeugnis zu erzielen war, durchaus nicht bewufst gewesen zu sein. So fällt es vor Allem auf, dafs die „Diana" an Beschreibungen der Sitten und Bräuche, der ländlichen Beschäftigungen und Spiele, überhaupt der Freuden und Leiden von Schäfern, wie Sanazzaro sie so anziehend schildert, vollkommen Mangel leidet. Unterscheiden sich ihre Hirten schon nach Wesen und Sprache von irdischen Schäfern, so sehr sich nur immer denken läfst, so wird der Zustand, in dem sie leben, durch diesen Mangel aller charakteristischen Züge des Lebens von Landbewohnern, wie sie im Hirtenroman zur Vervollständigung der Illusion ganz unentbehrlich sind, vollends zu einem undefinierbaren, chimärischen.

Kaum günstiger als mit der Darstellung der Lebensweise der Schäfer liegt das Verhältnis mit der Schilderung des Schauplatzes der Handlung und der umgebenden Natur. Eine von Eschen umstandene Quelle mit Wald und Gebüschen in der Nähe, die aber nur da zu sein scheinen um es etwaigen Lauschern zu ermöglichen, die Gespräche der an der Quelle Sitzenden ungesehen zu behorchen, sind die einzigen Requisiten, deren Montemayor zur Dekoration des Ortes bedarf, an welchem die Handlung hauptsächlich spielt (I., II., V. und VI. B.). Nimmt man dazu ein Thal mit einem Gewässer und einem gemeiniglich „sehr dichten" Wald mit einer blumigen Wiese inmitten, so hat man alle Bestandteile, aus denen sich seine landschaftlichen Scenerien sonst noch zufammen setzen. Im Uebrigen wird man eine Schilderung dieser Dinge in ihren Einzelheiten, überhaupt ein liebevolles Verweilen bei der Natur, das die Darstellung ihrer Schönheit und Grofsartigkeit zum Zwecke hätte, eine Beschreibung ihrer Erscheinungen und Werke, etwa eines Gewitters, eines Sonnenunterganges, eines Tieres oder einer Pflanze in dem Hirtenroman vergeblich suchen. Aufser dem Gesang der Vögel, der die sehr musikalisch beanlagten Schäfer zuweilen ein wenig erfreut, läfst Montemayor derartige Dinge vollkommen unbeachtet, und selbst da, wo wirklich einmal ein Anlauf zur anmutigen Schilderung einer Landschaft gemacht wird, nämlich am Anfang des dritten Buches, weifs er sich zu nichts Poetischerem als der Vorstellung von Bäumen aufzuschwingen, deren Kronen in einander verwachsen sind. Man könnte die auffallende Dürftigkeit der höchst spärlich angebrachten Naturmalereien, die der Verfasser durch reichlichen Aufwand schmückender Beiwörter umsonst zu verdecken bemüht ist, seinem schon früher gekennzeichneten Mangel an Phantasie zuschreiben, was dadurch bestätigt zu werden scheint, dafs auch seine sonstigen Beschreibungen durchaus keine fruchtbare Einbildungskraft, nirgend das Bestreben wahrnehmen lassen, durch eine poetisch schöne Darstellung von Einzelheiten zu entzücken.[1] Nicht minder wahrscheinlich ist es indessen, dafs Montemayor der unverfälschten Natur und dem Landleben, denen er als Höfling fern stand, überhaupt kein warmes Interesse entgegenbrachte, was im Allgemeinen ja mehr oder minder von allen Spaniern gelten soll. Zum Wenigsten ist es für die Richtung seines Geschmackes sehr bezeichnend, dafs er sich viel lieber und eingehender mit den Herrlichkeiten eines Palastes und eines mit steifem Prunke angelegten Gartens beschäftigt (IV. B.), die beide eben um ihrer aufserordentlichen Pracht willen kalt lassen, sowie dafs er sich mit ganz besonderem Wohlgefallen bei glänzenden Kleidertrachten aufhält. So wird z. B. das Äufsere der drei Nymphen bis auf die künstlichen Nadeln in der ebenfalls sehr kunstvollen Frisur ihrer Haare besprochen, „welche die Strahlen der Sonne verdunkelten" (II. B.); nicht minder wichtig erscheint Montemayor der Anzug des bezauberten Orpheus (IV. B.), am deutlichsten legt er aber sein gründliches Verständnis in derartigen Dingen bei den bis auf's Kleinste sich erstreckenden Angaben über die luxuriösen Kostüme des Don Felis (II. B.) und Felismena's (IV. B.) an den Tag; dieselben werden dem Leser mit einer fast komisch berührenden Gewissenhaftigkeit und einer Sachkenntnis vor Augen geführt, die bei jedem Anderen als einem armen Höfling in Erstaunen setzen könnte.

Trachten und die Wunder eines Palastes aus Jaspis sind nun eigentlich das Einzige, das Montemayor Stoff zu Beschreibungen liefert, — zu Beschreibungen, die für eine Hirtendichtung wenig glücklich gewählt und natürlich wenig dazu angethan sind, das Gefallen an einer solchen zu vermehren. Dagegen weist die „Diana" nun aber einen anderen Schmuck auf, der ihre Anziehungskraft in der That um ein Beträchtliches erhöht und der zu solcher Bedeutung

---

[1] Als einzige Ausnahme verdient allenfalls die mehr enthusiastische als fesselnde Beschreibung der Heimat des Dichters, d. h. der Gegend um Montemôr und Coimbra (VII. B.), genannt zu werden. Im Übrigen vergleiche man aber die ganz reizlose, kurzgefafste Schilderung der Gegend, in die sich Belisa zurückgezogen (III. B.), sowie die sehr allgemein gehaltene, geographisch-lehrhafte Skizze ihres Geburtslandes (III. B.) und dessen der Selvagia (I. B.).

in ihr gelangt, dafs er hier nicht ganz übergangen werden darf:
wir meinen die in den Roman eingestreuten

Gedichte.

Wie von einem Schriftsteller, der in erster Linie nicht Romanschreiber sondern Dichter war, zu erwarten, nimmt Montemayor in der „Diana" sehr häufig Gelegenheit, seine poetische Begabung zur Schau zu stellen. Die beiden in der Erzählung vom Abencerrajen (IV. B.) stehenden Gedichte abgerechnet, weist sein Werk nicht weniger als ein und fünfzig, zum Teile ziemlich lange Beigaben in gebundener Rede auf, welche in ihrer Gesamtheit, den Vers einer Druckzeile gleich genommen, zum Umfang des Ganzen fast genau wie drei zu zehn sich verhalten, beinahe also den dritten Teil des Buches bilden.

Was diese poetischen Leistungen nun zunächst nach Seiten ihres Versbaues betrifft, so ist es charakteristisch für Montemayor's Stellung in dem von Boscan und Garcilaso heraufbeschworenen Kampf der Nachahmer neueingeführter, classisch-italienischer Dichtformen gegen die Anhänger der Schule Castillejo's, dafs sich in der „Diana" altspanisches Metrum neben dem heroischen Verse der Italiener mit gleicher Ausgiebigkeit angewandt findet. Obschon sich der Verfasser in einem Teile seiner Hirtengedichte, auch was den Bau der Strophen anbelangt, als Nachahmer Sanazzaro's bekennt, wufste er sich, gleich Hernando de Acuña, Ponce de Leon u. A. durch die Berücksichtigung auch des Nationalstiles zu seinem Glücke also doch in der Mitte zweier Parteien zu halten, die ihren Geschmack mit schroffer Einseitigkeit und daher ohne dauernden oder doch vollständigen Erfolg zur Geltung zu bringen bemüht waren.

Unter den dreifsig nach altcastilianischer Art abgefafsten Gedichten der „Diana" findet sich nun zwar kein einziges, in welchem Montemayor noch von den alten Zwölfsylbern (*versos de arte mayor*) oder ausschliefslich von Versen zu sieben und weniger Sylben (*versos quebrados* oder *de redondilla menor*) Gebrauch gemacht hätte; wohl aber sind acht und zwanzig derselben, also mehr als die Hälfte aller im Roman enthaltenen Gedichte überhaupt, durchgängig in den alten achtsylbigen trochäischen Versen (*versos de redondilla mayor*) geschrieben, die nur in den beiden übrigen Fällen noch mit *versos quebrados* zu je vier Sylben gemischt auftreten.[1] Nach Inhalt und Form der Strophen betrachtet, zerfallen diese Dichtungen in altspanischem Versmafs in siebzehn Canciones, sechs Villancicos, zwei Romanzen, eine Glosa und vier einzeln stehende Strophen von verschiedener Länge — Epigramme, in denen das Andenken von Helden wie vom Cid etc. gefeiert wird. Die

---

[1] „*Amor loco ay amor loco*" etc. (I. B.) und „*Pasados contentamientos, qué quereis?*" etc. (VI. B.).

Strophen der Canciones sind in den meisten, nämlich in zehn Fällen, ganz nach alter Art aus doppelten Redondilienstrophen zusammengesetzt, denen immer eine den Hauptgedanken enthaltende *redondilla* voransteht. Von den übrigen weisen nur zwei noch in derselben Form gedichtete diese vierzeilige Strophe nicht auf;[1] die noch bleibenden fünf sind mit Ausnahme einer einzigen[2] in den gleichfalls sehr altertümlichen doppelten Fünfversen (*quintillas*) abgefafst. Zu den Villancicos, die ihrem Inhalt nach freilich kaum noch an den ursprünglichen Charakter dieser anspruchslosen Dichtgattung erinnern, sei bemerkt, dafs sie sämtlich aus sonst wenig gebräuchlichen Couplets zu sieben Zeilen bestehen, sowie dafs mehrere derselben nach Art der alten „ländlichen", im Cancionero General des Castillo stehenden Gedichte Kehrreime aufweisen. Die beiden Romanzen, welche ohne Strophenabteilung sind, zeigen an Stelle durchgehender assonantischer in dem einen Falle volle klingende, im andern fast nur volle stumpfe Reime; sie sind übrigens in Duran's Cancionero abgedruckt, wo sie sich unter Nummer 1427 u. 1428 finden.

Was die noch übrigen, in toskanischer Versart geschriebenen Gedichte der „Diana" betrifft, so ist der weitaus gröfste Teil derselben, nämlich neunzehn, durchgängig in Elfsylblern (*italianos enteros — endecasilabos*), der Wechselgesang Sylvano's und Sireno's (I. B.) aber in den sonst nicht vertretenen „gleitenden" Versen (*versos esdrújulos* zu zwölf Sylben) abgefafst. Sie bestehen aus vier Sonetten, fünf Epigrammen, einem erschrecklich langen, in Form von Stanzen gedichteten Loblied auf mehr als hundert der berühmtesten spanischen Damen jener Zeit, und dreizehn mehr oder weniger in elegisch-schäferlichem Tone gehaltenen Liebesliedern, die sich am passendsten wohl unter dem Namen von Canzonen zusammenfassen lassen, obwohl nur drei unter ihnen jene Mischung von Elfsylblern mit abgebrochenen kurzen Versen zu je sieben Silben aufweisen.[3] Dagegen fehlt diesen meist in Oktaven, Sestinen oder Terzinen gedichteten Liedern die den Canzonen eigentümliche Schlufs- oder Geleitstrophe (*despido, retornelo*) nur in sehr vereinzelten Fällen. Nicht unerwähnt bleibe auch, dafs sich zum Unterschied von den Eklogen Sanazzaro's, die der Regel nach aus Wechselgesängen bestehen, nur drei unter ihnen finden, in welchen diese ursprüngliche Form der bukolischen Dichtgattung beibehalten ist,[4] auch weichen sie von jenen Hirtengedichten inso-

---

[1] „*Cabellos cuanta mudanza*" etc. (I. B.) und „*Pastora cuya ventura*" etc. (III. B.).
[2] „*De merced tan estremada*" etc. (I. B.).
[3] „*Ojos que ya no veis*" etc. (I. B.); „*Amor y la fortuna*" etc. (IV. B.); „*Si lagrimas no pueden*" etc. (VI. B.).
[4] „*Amor y la fortuna*" etc. (IV. B.); „*Sireno que pensavas*" etc. (I. B.); „*Si lagrimas no pueden*" etc. (VI. B.).

fern ab, als sie stets nur die Liebe, und zwar mit zwei Ausnahmen[1] immer nur die Leiden der Liebe zum Gegenstand haben. In der That müssen denn auch alle diese, ebensowohl als die nach altspanischer Art abgefafsten lyrischen Gedichte Montemayor's als der Ausdruck der Gefühle seines Herzens betrachtet werden, obgleich es mehreren derselben — ganz abgesehen von den gezierten Villancicos und Glosas — an Gekünsteltem eben nicht fehlt. Gleich die im Anfang des ersten Buches stehende elegische Klage Sireno's („*Cabellos cuanta mudanza*" etc.) bietet mit ihren Wortspielen und Alliterationen ein Beispiel hierfür; eine ganz besonders mühselige Arbeit mufs aber die Abfassung dreier Canzonen verursacht haben, in deren sechszeiligen, ungereimten Strophen immer die Versausgänge der ersten, nur in verschiedener Reihenfolge, wiederkehren, so dafs z. B. in dem mit einem Geleit versehenen Liede Arsileo's („*Ay vanas esperanzas*" etc., V. B.) zu einem jeden der sechs Ausgänge der ersten Strophe zwölf bis dreizehn Verse gebildet sind.[2]

Dafs ein derartig gezwungenes Versemachen keine poetischen Kunstwerke hervorzubringen geeignet war, liegt auf der Hand, und in der That dürfen die drei Canzonen am Wenigsten Anspruch auf das Lob erheben, welches sonst den lyrischen Gedichten der „Diana" verdienter Mafsen gezollt wird.[3] Wie schon bemerkt, werden in letzteren fast ohne Ausnahme die schmerzlichen Empfindungen einer edlen und feurigen Liebe wiedergegeben, die — unerwiedert und hoffnungslos — doch nicht ersterben kann, die bald in selbstquälerischem Bestreben vergangenes Glück, die Schönheit der Geliebten, die Versicherungen ihrer Treue sich in's Gedächtnis zurückruft, bald ihren Wankelmut, die Veränderlichkeit der Zeiten, die Ungunst des Schicksals anklagt, bald auch im Uebermafse des Schmerzes das Herz der Treulosen durch unterwürfige, flehentliche Bitten zu rühren trachtet, wie dies z. B. in der einen, sehr schönen und innigen Romanze der Fall („*Oidme, señora mia*" etc. II. B.).

---

[1] „*Amor y la fortuna*" etc. (IV. B.); „*Ya dan vuelta*" etc. (V. B.).
[2] „*Aguas que de lo alto de esta sierra*" etc. (II. B.); „*Si hembras de oro son vuestros cabellos*" etc. (IV. B.); „*Ay vanas esperanzas cuantos dias*" etc. (V. B.).
[3] Ticknor II, 201: „Einige Gedichte im Romane sind sehr schön; vor Allem die lyrischen".
Sismondi II, 161: „Die Anmut seiner Verse, ihr Wohllaut und ihre Zartheit haben ihn in den ersten Rang unter den spanischen Dichtern versetzt".
Barbosa Machado II, 809: *Buscou para habitação o Parnasso..... bebendo com tão larga afluencia os influxos do furor poetico, que sahio hum dos mais famosos alumnos desta divina Arte, sendo a fermosura de huma honesta dama..... o argumento das suas elegantes e amorosas expressoens.*
Sá de Miranda rühmt Montemayor's dichterisches Talent in seiner Antwort auf dessen Brief (in Frau Carolina Michaëlis de V.'s Ausgabe seiner Dichtungen No. 146) mit folgenden Worten:
  „*A ti las diosas de la poesia*"
  „*I a tu Marfida os haran inmortales*" (v. 178—179).

Des beschränkten Raumes halber muſs leider von einer auf das Aesthetische gerichteten Besprechung auch nur der hervorragendsten dieser erotischen Dichtungen Abstand genommen werden; in ihrer Gesamtheit betrachtet ist ihnen aber nachzurühmen, daſs sie alle die Vorzüge aufweisen, die an Montemayor's Darstellungsweise von Empfindungen und Gefühlen bereits hervorgehoben worden sind, sowie daſs sie sich auſserdem durch eine Lebhaftigkeit des Colorits auszeichnen, wie sie in der Prosa des Romanes nicht erreicht wird. Dies gilt besonders von den nach italienischer Art verfaſsten Gedichten, die Montemayor mit ihren längeren Versen gröſsere Freiheit gestatteten; als Beispiel sei auf die an Beziehungen zur umgebenden Wirklichkeit so reiche, höchst poetische Liebesklage der einsamen Diana („*Ojos que ya no veis*" etc. I. B.) sowie auf das schwermütige Lied Sylvano's („*Amador soy, mas nunca*" etc. I. B.) hingewiesen — wahre Muster von eigentümlicher Schönheit und Lebendigkeit der Darstellung von Gemütsstimmungen, wie sie sich indessen unter den Gedichten der „Diana" keineswegs vereinzelt finden. Im Gegenteile kann behauptet werden, daſs gerade die Züge, welche den Hauptreiz jener beiden Canzonen ausmachen — die Zartheit und Tiefe, wie nicht minder die Wahrheit und Fülle der in ihnen ausgesprochenen Empfindungen —, daſs also gerade diese Züge fast allen lyrischen Gedichten der „Diana" eigen sind und dieselben als einen in der That sehr passenden und wertvollen Schmuck des Hirtenromanes erscheinen lassen.

Nachdem wir auch den poetischen Teil der „Diana" in Anbetracht der uns gesteckten Grenzen hinreichend gewürdigt zu haben meinen, wäre es vielleicht am Platze, noch Einiges über die Moral in Montemayor's Werke zu sagen. Bei anderen Gelegenheiten ist indessen schon so vielfach hervorgehoben worden, wie seine Schäfer eine Etikette beobachten, die der des damaligen castilianischen Hofes nur wenig nachstehen kann; wir haben so oft zu betonen gehabt, wie der Verfasser den Forderungen des Anstands und der guten Sitte mit einer Strenge gerecht wird, die bei einem Erotiker des 16. Jahrhunderts, und zumal bei einem Südländer, in Erstaunen setzen muſs, daſs wir uns weiterer Bemerkungen über diese verdienstvolle Seite des Romanes enthalten können. Nicht unerwähnt bleibe dagegen, daſs es letzterem, so tugendhafte Gesinnung sich allenthalben in ihm auch ausspricht, an irgend einer Tendenz, wie sie den spanischen Novellen jener Zeit fast durchgängig eigen, gebricht. Wie das Princip des Bösen in der „Diana" überhaupt nicht vertreten, so hat auch eine lehrreich waltende Themis keine Stätte in ihr gefunden. Anstatt zu moralisieren oder nützliche, für das wirkliche Leben verwendbare Belehrungen zu geben, beschränkt sich Montemayor, wie wir sahen, auf Klagen, auf oftmals bittere Reflexionen oder abstrakte Erörterungen über das Wesen der Liebe; und in der That, wie hätte er Andere belehren sollen, wo er in seinem Unglück für sich selbst keinen Ausweg wufste? War doch die „Diana", ähnlich den „Saudades" Ribeiro's, in erster Linie überhaupt nicht zur Unterhaltung und Belehrung Anderer geschrieben, ein Umstand, der es denn auch zum Teile erklärlich macht, dafs sie als erdichtete Erzählung betrachtet, im Grofsen und Ganzen so wenig befriedigende Resultate ergab.

Fassen wir dieselben in Kürze noch einmal zusammen, so war es vor Allem der Mangel an Handlung und einer mit innerer Notwendigkeit eintretenden Entwickelung in der Handlung, ja überhaupt der Mangel jedweder Steigerung des Interesses, der Montemayor's Erzeugnis zum Vorwurf zu machen ist. Weiter gebricht es demselben an einer auf natürliche Weise erfolgenden und einheitlich durchgeführten Lösung der geschaffenen Konflikte, mit welcher die Erzählung der Hauptsache nach zum Abschlufs gebracht sein mufste, während sie sich in der „Diana" gerade gegen den Schlufs hin teilt und wieder in's Breite verläuft. Als ferneres Uebel war zu bezeichnen, dafs der Gang der matten, an sich schon wenig fesselnden Haupterzählung durch unverhältnifsmäsig umfangreiche, teils recht verwickelte episodische Geschichten so häufig unterbrochen wird, dafs man erstere mitsamt den Hauptpersonen oft und für lange Zeit ganz aus den Augen verliert. Nicht genug hiermit, stören jene durchaus nicht immer an der geeignetsten Stelle angebrachten Zwischengeschichten, die in den ersten vier Büchern die Haupthandlung ganz erdrücken, die Wirkung derselben aber auch dadurch, dafs sie mit letzterer teils in gar keinem, teils in nur sehr losem, erst später hergestellten Zusammenhange stehen, auch ganz und gar nicht im Tone nur mehr erläuternder, nebensächlicher Beigaben gehalten sind. Als Folge aller dieser Mifsstände, d. h. einer verfehlten oder fehlenden Disposition, mufste an der „Diana" eine Verwickelung getadelt werden, die den Gesamteindruck des Romanes um so schwerer schädigt, als man für seine Mühe bei der Lektüre nicht einmal durch einen zufriedenstellenden Schlufs belohnt wird.

Nur wenig günstiger als über die Anlage war über den nackten Stoff der Dichtung zu urteilen. Was zunächst die Originalität der von Montemayor geschilderten Ereignisse und mancher anderen Bestandteile des Romanes betrifft, so meinen wir nachgewiesen zu haben, dafs er, um seiner eigenen geringen Erfindungsgabe aufzuhelfen, fremde Autoren ziemlich häufig in Contribution gesetzt hat, ohne dafs sich die in der „Diana" mitgeteilten Begebenheiten darum durch eine besondere Mannigfaltigkeit auszeichneten. Mehr noch war aber zu tadeln, dafs der weitaus gröfste Teil der Vorfälle des Hirtenromanes nun auch der gewohnten Erfahrung und der Wahrscheinlichkeit in wenig erbaulicher Weise Trotz bietet und irgend welche Illusion ebensowenig aufkommen läfst, als der vollständige Mangel an Naturwahrheit in der Darstellung der Hauptpersonen. Der Leser bemüht sich umsonst, eine Vorstellung von Wesen zu erhalten, die — nicht zu reden von der exemplarischen Reinheit ihrer sittlichen Anschauungen — mit ihrer ungewöhnlichen geistigen Bildung und einer nicht selten schon an den estilo culto mahnenden Ausdrucksweise eher Hofleute und Akademiker denn Hirten vorstellen könnten; von Wesen, die in einem ganz problematischen Zustand lebend nur singen und klagen, die insgesamt kein anderes Interesse, in ihrem Herzen keine andere menschliche Leidenschaft als eine im höchsten Grade durchgeistigte Liebe wahrnehmen lassen, die endlich sich in Nichts von einander unterscheiden, es sei denn durch die Gröfse ihres Schmerzes. Der Hinweis auf den gänzlichen Mangel an eingehenderen und liebevollen Schilderungen der Natur und des Schäferlebens, wie sie einer Hirtendichtung den schönsten und unentbehrlichsten Schmuck verleihen, sowie auf die wenig glückliche Auswahl der Beschreibungen, die Montemayor sonst bietet, vervollständige die Zusammenstellung der wesentlichsten Gebrechen der „Diana." —

Es ist nun zwar schwer zu beurteilen, inwieweit die Schäden einer erdichteten Erzählung durch Vorzüge derselben zur Erzielung eines vorteilhaften Gesamteindruckes aufgewogen werden können. Erwägt man indessen, was die „Diana" betrifft, dafs der Leser für deren recht zahlreiche und gröfstenteils sehr erhebliche Mängel sich nur an ihrem vollendeten Stile, an der Vorzüglichkeit ihrer lyrischen Gedichte und der Darstellung zarter und edler, nicht immer jedoch nur vom Herzen gebotener Gefühle schadlos halten soll, so ergiebt sich nach unseren Begriffen im vorliegenden Falle nun doch mit Gewifsheit, dafs die Verdienste des Werkes, so sehr wir sie auch anerkennen wollen, für dessen Gebrechen bei Weitem nicht hinreichend entschädigen. Bei seiner unkünstlerischen Anlage, seinem Mangel an Handlung, an Wahrscheinlichkeit und Naturwahrheit, nicht zum Mindesten auch seiner höchst unvollkommenen Charakterzeichnung halber stellt es sich als ein Erzeugnis dar, welches auf den Namen eines Romans nur schwerlich Anspruch hat und welches, trotz seiner gewählten Sprache und seinen schönen Versen, in zu vielfacher Hinsicht unbefriedigt läfst, als dafs es vor den Fähigkeiten Montemayor's als Romanschreibers grofse Achtung einflöfsen sollte.

Das Urteil über den Wert der „Diana" gestaltet sich günstiger, sobald man sie im Lichte ihrer Zeit und in ihrem Verhältnis zur Romanlitteratur der Spanier in's Auge fafst. Von diesem Standpunkte mufs ihr vor Allem noch das Verdienst einer formellen Bereicherung der spanischen, ja der Litteratur überhaupt zuerkannt werden. Wie früher erwähnt, ist sie das erste, alle Eigentümlichkeiten der Gattung aufweisende Erzeugnis eines neuen Zweiges der Romanschreibung, keinesweges aber eine vielleicht erweiternde Nachahmung einer älteren bukolischen Dichtung, etwa der „Arkadia", der sie manches Nebensächliche verdankt, in welcher Sanazzaro aber die Schönheiten der Natur und das Leben wirklicher Hirten — letzteres mitunter sogar in recht realistischer Weise — schildert, während Montemayor, von einem ganz anderen Geiste beseelt, die charakteristischen Züge des Schäferlebens, die umgebende Natur, ja selbst die Naturwahrheit aufser Acht läfst und in einer umfangreichen, romanhaft gehaltenen Erzählung durchaus erotischen Charakters die Leiden unglücklicher Liebe darstellt.

Das Verdienst, etwas Originelles geschaffen zu haben würde dem Verfasser der „Diana" nun freilich nur zu geringer Ehre gereichen, wiese letztere nicht bei allen ihren Mängeln den älteren Romanen gegenüber immerhin auch einige Elemente wirklichen Fortschrittes auf. Zunächst, was die sprachliche Darstellung angeht, für deren Vervollkommnung die Schreiber der Ritterromane nichts oder wenig gethan hatten, während Montemayor als einer der ersten [1] in der „Diana" mit Sorgfalt und erfolgreichem Fleifs an der Veredelung der castilianischen Prosa arbeitete — eine Thatsache, die selbst Lope de Vega in einem Sonett, in welchem sonst dem Dichter schweres Unrecht zugefügt wird, anerkennt wenn er sagt („Laurel de Apollo", Sylva 3):

Cuando Montemayor con su Diana
Ennobleció la lengua castellana etc.

Wenngleich in beschränkterem Sinne als um der Sprache, erscheint die „Diana" nun aber auch um ihres Stoffes willen als qualitative Bereicherung der damaligen Romanlitteratur. Ausgenommen das „Carcel de Amor", eine um die Mitte des 15. Jahrhunderts in Form von Briefen zweier Liebenden verfafste, sentimentale Prosadichtung Diego's de San Pedro, waren in Spanien zur Zeit des Erscheinens der „Diana" die alleinigen Vertreter der Romanschreibung die Ritterromane, die sich, ganz wie die Hirtengeschichten, auf hypothetische Situationen einer Gesellschaft gründen, die nie existiert hat, in denen das Hauptgewicht jedoch auf die Darstellung möglichst zahlreicher und unglaublicher, die persönliche Tapferkeit des Helden ehrender Thaten gelegt war. Beging nun Montemayor auch schon einen Fehler, wenn er in das entgegengesetzte Extrem verfiel und fast alle Handlung vom Romane abschnitt, so möchten wir andrerseits doch immerhin einen unverkennbaren und wichtigen Fortschritt darin erblicken, dafs er, bei all' seinem Geschmack am Wunderlichen, das Seltsame und Unglaubliche doch nicht mehr zum Zweck der Darstellung machte, dafs er vielmehr, wenn auch in einseitiger Weise, sein Hauptaugenmerk bereits auf die Darstellung des inneren Lebens im Menschen gerichtet hielt, die eines der Hauptelemente des guten Romanes aus-

---

[1] Vgl. Barbosa Machado, II, 809: „*foy dos primeyros que cultivarão a lingua Castelhana*" (Citat).

macht, die aber bei den Nachfolgern des Amadis und Esplandian's eine recht untergeordnete Rolle spielt. Dabei stehen seine Hirten, insofern sie, wie überhaupt Nichts, so doch auch keine Wunderthaten vollbringen, wirklichen Menschen immerhin schon näher als jene irrenden Ritter, und wir meinen dafs Don Quijote, falls die Befürchtung seiner Haushälterin in Erfüllung gegangen wäre, die Rolle eines arkadischen Schäfers mit gröfserer Vollkommenheit als die eines *caballero andante* im Sinne der alten Romane gespielt haben würde.

Konnte es der „Diana" nach Alledem vom Standpunkt des guten Geschmackes an einigem Erfolg neben den Ritterbüchern nicht fehlen, so ist nun freilich schwer begreiflich, wie sich derselbe zu einem so aufserordentlichen zu gestalten vermochte, dafs der Schäferroman in dieser Hinsicht alle bis dahin erschienenen Ritterromane mit Ausnahme allein ihres Ahnherrn in den Schatten stellte.[1] Mag Lourenço Craesbeck auch übertreiben wenn er sagt (s. S. 24 Anm. 4), dafs die „Diana" in jedem Hause gelesen wurde — denn wahrhaft volkstümlich sind die novelas pastoriles ebensowenig als die libros de caballerias jemals gewesen — die Zahl der Auflagen, die sie erlebte, ist jedenfalls das untrüglichste Zeichen, dafs sie sich in der That einer Beliebtheit erfreute, die in der Romanlitteratur der Spanier ihres Gleichen sucht. Das Jahr 1561 allein sah nicht weniger als 3 Neudrucke der „Diana" erscheinen, die sich, die vorhergehenden eingerechnet, im Laufe des 16. Jahrhunderts auf 21, im 17. Jahrhundert auf 27 vermehrten, und selbst im Jahre 1795 war das Interesse an Montemayor's Schöpfung nicht soweit geschwunden, als dafs eine damals noch veranstaltete Ausgabe nicht reifsend hätte Abnehmer finden und allem Anschein nach sogar selten werden sollen. Neben dem massenhaften Absatz, den man besonders in der zweiten Hälfte des 16. Jahrhunderts mit der „Diana" erzielte, spricht für den Beifall, der ihr in Spanien gezollt wurde, recht deutlich auch der Umstand, dafs sich Alonso Perez und kurz nach ihm Gil Polo die Teilnahme, die man den Schicksalen Sireno's und der Diana allenthalben widmete, zu Nutze machten und unabhängig von einander Fortsetzungen des unvollendet gebliebenen Romanes lieferten, die sie kurz nacheinander im Jahre 1564 veröffentlichten.[2] Bei dem Unternehmen, jene unglücklich Liebenden und mit ihnen den Leser endlich doch noch zufrieden zu stellen, scheint von besonderem Glücke Gil Polo, der aus Valencia stammte, begünstigt worden zu sein; wenigstens rühmt Cervantes sein jetzt seltenes, uns unerreich-

---

[1] Sismondi II, 161: „So wie es ist (scil. das Werk Montemayor's) hatte noch kein spanisches Buch seit dem „Amadis" einen gröfseren Beifall gefunden".
Puibusque, Histoire comparée des littératures espagnole et française, I, 154: „On n'avait pas vu de succès pareil depuis Amadis".
[2] Vgl. Salvá, No. 1910, S. 169, und No. 1825.

bares Buch, „als sei es von Apollo selbst verfafst", während er bei aller Nachsicht, mit der er seine Zeitgenossen kritisierte, die Fortsetzung des Salamankers dem Feuer überliefern will.[1] Am Schlufs der Vorrede zu seiner „Segunda parte de la Diana" giebt letzterer übrigens für den Eifer, mit dem man Montemayor's Erzeugnis las, ganz absichtslos ein recht charakteristisches Zeugnis, das um so eher angeführt sei, als es von einem Zeitgenossen des Lusitaniers herrührt. Perez erklärt an der bezeichneten Stelle, dafs er sich mit der Herausgabe seiner Fortführung der „Diana" sehr beeilt habe, „weil er fürchtete, dafs ein anderer, zweiter Teil erscheinen möchte, ehe der seine ediert wäre, da dies eben etwas von Allen so sehr Gewünschtes sei." Die Eilfertigkeit, mit welcher Perez einem allgemein gefühlten Bedürfnis abzuhelfen sich bemühte, scheint nun in der That der Qualität seines Werkes nicht eben zuträglich gewesen zu sein; unseres Erachtens mangelt es indessen seinem vielgeschmähten und sicher nur wenig gelesenen Buche immerhin nicht an Vorzügen, die Cervantes' Urteil als etwas hart erscheinen lassen. Trotz der Ungereimtheiten, an denen Montemayor von ihm noch überboten wird — einer seiner Schäfer spricht z. B. über latente Körperwärme (I. B.), ein anderer hält eine Vorlesung über die Natur des Blitzes (VI. B.) u. s. f., trotzdem ist sein Werk, das mehr geschrieben scheint den Leser zu ergötzen als zu rühren, doch reich an Erfindung und vielerlei witzigen Einfällen, was die Lektüre desselben nicht uninteressant macht und einen geistreichen, oftmals freilich mit übel angebrachter Gelehrsamkeit prunkenden Mann in seinem Verfasser erkennen läfst.

Neben den Fortsetzungen der „Diana", unter denen als dritte die ganz wertlose des Texeda[2] nur der Vollständigkeit halber noch genannt sei, und neben ihren erstaunlich häufigen Neudrucken, die nur von denen der „Celestina" an Zahl vielleicht übertroffen wurden, liefse sich als weiterer Beweis für die Erfolge, die sie erntete, eine merkwürdige religiöse Travestie[3] sowie eine lange Reihe von Schäferromanen anführen, die das Erscheinen dieser „ersten und besten" Hirtendichtung, wie Ticknor sie nennt (II, S. 207), besonders im 16. Jahrhundert in Spanien in's Leben rief. Ohne uns indessen mit einer Herzählung jener späteren, der Hauptsache

---

[1] Don Quijote, Cap. VI.
[2] Einige Angaben über dieses an anderer Stelle genauer citierte Buch finden sich im Supplementband zu Ticknor's Litteraturgeschichte, Seite 157, wo von einem 1627 erschienenen Druck desselben die Rede ist. Salvá scheint letzteren nicht gekannt zu haben, wenn er die von ihm angeführte Ausgabe vom Jahre 1587 mit den Worten verdammt: „no volvió á imprimirse, y parece nada ha perdido la literatura en que haya quedado este libro sepultado en el olvido, pues es obra de ningun mérito." (Catálogo No. 1922.)
[3] Näheres über dieses ebenso seltene als absonderliche Buch des auf Seite 25 erwähnten Cisterziensermönches Bartolomé Ponce wird auf Seite 156—157 des vorerwähnten Supplementbandes berichtet. Ein Teil der Vorrede desselben findet sich abgedruckt bei Salvá, Catálogo No. 1909.

nach anderswo bereits zusammengestellten Erzeugnisse dieser Gattung
aufzuhalten,[1] sei nur noch darauf hingewiesen, dafs die „Diana"
schon zu Ende des 16. Jahrhunderts in's Französische, später sogar
in's Lateinische und schliefslich auch in's Deutsche, Englische und
Holländische übersetzt wurde und in Sir Philipp Sidney's „Arcadia",
sowie in der „Asträa" des Honoré D'Urfé Werke hervorrief, die die
von ihr geschaffene Gattung der Romanlitteratur in England wie in
Frankreich beliebt und heimisch machten. Welchen Anklang die
Dichtung auch in Deutschland gefunden, geht u. A. daraus hervor,
dafs eine 1646 zu Nürnberg erschienene Übersetzung in kurzer
Zeit drei Auflagen erlebte.

Leider war im Verlaufe der Abhandlung fast immer nur von
Neuem darzuthun, dafs der innere, absolute Wert von Montemayor's
Roman derartige aufserordentliche Erfolge keinesweges rechtfertigt;
mancherlei Umstände, die seiner Aufnahme und Verbreitung förder-
lich waren, müssen diesen Widerspruch jedoch zum Teile wenigstens
erklärlich machen. Zunächst und in der grofsen Hauptsache der
Geschmack der Leser, der noch keine Gelegenheit gehabt hatte,
sich an wirklich guten Erzeugnissen der Romanschreibung zu
schulen und zu veredeln, der im Gegenteil durch die Lektüre der
Hunderte von schlechten Ritterromanen, die der Pfarrer aus Don
Quijote's Bibliothek auf den Scheiterhaufen wandern läfst, ver-
schlechtert, ja verderbt worden war.

Die „Diana" fand ein Lesepublikum vor, das — seit langem
daran gewöhnt und zufrieden, die Phantasie auf Kosten des Ver-
standes zu nähren — am schlimmsten Fehler des Schäferromanes
keinerlei Anstofs nahm, wenn es in der Unwahrscheinlichkeit des
letzteren überhaupt einen Fehler erblickte. Ein weiterer Umstand,
der dem Erzeugnis Montemayor's neben dem irregeleiteten Geschmack der Spanier des 16. Jahrhunderts sicher sehr wesentlich
zu statten kam ist der, dafs es nun auch gerade zu einer Zeit auf-
tauchte, wie sie fast nicht günstiger gewählt sein konnte, um das
Erstlingsprodukt einer bisher ungekannten Gattung von Erzählungen
in die Gunst der Leser einzuführen. Wurde dem Entstehen neuer,
„meistenteils mittelmäfsiger oder schlechter Ritterbücher" (Sismondi II, 196) auch erst mit dem Erscheinen des „Don Quijote"
für immer ein Ziel gesetzt, so war das Ansehen einer Gattung,
die die spanische Romanschreibung seit zwei Jahrhunderten fast
ausschliefslich beherrscht hatte, um die Mitte und in der zweiten
Hälfte des 16. Jahrhunderts doch schon bedenklich im Schwinden
begriffen. Der Überdrufs an den Erzeugnissen einer in Stagnation
befindlichen Prosalitteratur und das Bedürfnis nach einem neuen
Gegenstand der Unterhaltung mufsten aber für die Aufnahme eines

---

[1] Aufser bei Ticknor, II 202—207 werden die der „Diana" folgenden
Schäferromane behandelt in der „Biblioteca de Autores Españoles," Bd. II,
S. XXV ff.

Werkes, das einen von dem bisherigen vollkommen verschiedenen Gegenstand behandelte, Förderungsmittel werden, denen es unseres Erachtens mehr als den wirklichen Verdiensten der „Diana" zuzuschreiben ist, wenn sie in einem Jahre drei Auflagen erleben konnte. Ein drittes, das die grofse Beliebtheit des Hirtenromanes begründen half, ohne dafs es doch seiner Qualität oder Montemayor's schriftstellerischem Genie zu Gute gerechnet werden dürfte, ist, wie früher erwähnt, in seinem Aufwand an Sentimentalität und oftmals fast allzu weichlicher Zärtlichkeit zu erblicken, in Eigenschaften also, die vom heutigen Standpunkt als Schwächen des Romans zu tadeln waren und welche manchem modernen Leser die Lektüre desselben verleiden könnten, die aber das rauhe Zeitalter Karls V. an den Erzeugnissen der Dichtung schätzte und die denn auch, nebenher bemerkt, einen charakteristischen Zug der spanischen Poesie jener Zeit bilden (vgl, Sismondi II, 169). Wir haben an anderer Stelle die Meinung geäufsert, dafs Montemayor die Sentimentalität in der „Diana" absichtlich hege und pflege, nur jenem krankhaften Geschmack seiner sonst gar nicht empfindsamen Zeit zu Liebe; ein sicheres Anzeichen dafür, dafs er selbst auch nicht verschmähte die Zugkraft seines Buches künstlich zu erhöhen, liegt aber einmal in den im Argument des Romanes vorausgeschickten Andeutungen über den versteckten Sinn desselben (*casos dizfrazados* etc.). — Hinweise, die die Neugier des Publikums unseres Erachtens ziemlich unnützer Weise rege machten — das andere Mal in den ebenso überschwenglichen als unangebrachten Lobsprüchen auf hochstehende Persönlichkeiten und besonders Damen aus den ersten Kreisen der damaligen Gesellschaft. Letzteres war nun vollends ein probates Mittel, um den Schäferroman so in Aufnahme zu bringen, dafs u. A. der mehrfach erwähnte fray Bartolomé Ponce ihn bereits im Jahre 1559, wo er in Angelegenheiten seines Klosters am Hofe weilte, in Jedermanns Händen sehen konnte als eine Dichtung, die — wie er hinzusetzt — „*era tan acepta quanto yo jamas otro libro en Romance aya visto.*"[1] Es bedarf gar keiner Ausführung, dafs der Beifall der Vornehmen, zumal in einem Lande und zu einer Zeit, wo diese nicht nur tonangebend in Sachen des Geschmackes und der Mode, sondern zugleich auch Träger der Bildung waren, genügte, um die Verbreitung eines Buches auch in den breiteren Schichten der Bevölkerung sicher zu stellen. Nicht unerwähnt bleibe endlich, dafs derselben im vorliegenden Falle aber auch der Umstand noch zu Hülfe kam, dafs die hier ganz unbegreifliche, mehr vielleicht gegen das Andenken des Verfassers gerichtete Intoleranz des Santo

---

[1] Vgl. Ticknor, Geschichte der schönen Litteratur in Spanien, Supplementband S. 157.

Oficio die „Diana" im Index Expurgatorio vom Jahre 1581 verdammte.[1]

So trug neben den Verdiensten der „Diana" eine ganze Reihe von Umständen der verschiedensten Art mehr oder minder erheblich dazu bei, Ansehen und Beliebtheit eines Werkes zu fördern, das vornehmlich als formelle Bereicherung der Romanlitteratur, als hervorragendes Denkmal der castilianischen Prosa des 16. Jahrhunderts und als Urbild einer sehr zahlreichen, mit dem wechselnden Geschmack der Mode freilich in gänzlichen Verfall geratenen Gattung von Romanen litterargeschichtlich immer von aufsergewöhnlichem Interesse bleiben wird, und welches, auch wenn man es nicht mit dem Gefühle wohlwollender, fast möchten wir sagen pietätvoller Schonung liest, das der Gedanke an seine grofse Vergangenheit einflöfst, um der anmutigen Würde seiner Sprache, um der Zartheit seiner Gefühlsschilderungen und nicht zum Mindesten um seiner schönen lyrischen Gedichte willen noch heute zu gefallen vermag, so wenig die Erzählung als Darstellung einer Handlung auch befriedigt.

Daher mag vorliegende Abhandlung trotz des spärlichen Lobes, das wir unserm Gegenstand zu zollen Gelegenheit fanden, doch mit der Bemerkung schliefsen, dafs die „Diana" des Montemayor auch vom modernen Standpunkt begründete Ansprüche auf die Nachsicht hat, die ihr Cervantes' Pfarrer im „Don Quijote" angedeihen läfst (Cap. VI.), indem er sie vor dem Schicksal so vieler ihrer Nachbarn in der Bibliothek des Letzteren bewahrt und damit für würdig erklärt, der Nachwelt überliefert zu werden. *Tambien somos „de parecer que no se queme."*

---

[1] Der erste portugiesische Index vom Jahre 1551 erwähnt die „Diana" ebensowenig als der zweite vom Jahre 1564; der dritte vom Jahre 1581 verbietet sie. Auf Blatt 18 des zweiten Teiles des Index Librorum Prohibitorum steht kurz und bündig: *„Diana, todas as partes".*
Dieses Verbot ist jedoch nur vorübergehend gewesen. Der grofse „Index Auctorum Dānatae Memoriae", Pedro Craesbeeck 1624, der für das ganze 17. Jahrhundert mafsgebend war, sagt auf p. 148: *„Jorge de Montemôr: Suas obras assi as de devação como de amores profanos. A Diana porém se permite".* Der spanische Index vom J. 1583, Madrid, verbietet die „Diana" nicht, sondern nur die „obras tocantes a devocion y religion".

Anhang.

Anmerkung zu Seite 12. Montemôr-o-Velho ist eine villa von dreitausend Einwohnern, zum bispado e distreito administrativo de Coimbra gehörig, in der Provinz Douro. Sie liegt am rechten Ufer des Mondego, 16 Kilom. östlich vom Ocean, an der Eisenbahn von Coimbra nach dem Mondegohafenstädtchen und Badeorte Figueroa da Foz. Über die Urgeschichte der Stadt, die 1900 Jahre vor Chr. gegründet sein soll und welche unter den ersten portugiesischen Königen nebst dem umliegenden Gebiete als Lehen der Infanten Terra do Infantado hiefs, wird viel Sagenhaftes berichtet. Im Jahre 716 nahmen die Araber sie ein, 848 eroberte Ramiro I. von Leon sie wieder, nachdem der abbade Dom João, sein Neffe, die Burg bereits vorher heldenhaft gegen Abd-er-Rahman verteidigt hatte, worauf Miranda in seiner Antwort an Montemayor (v. 46) anspielt. Nachdem die Stadt im Jahre 985 abermals in maurische Hände geraten war, befreite sie Dom Fernando I. o Magno im Jahre 1040 zum zweiten Male und liefs die Burg rasieren, die indessen schon 1088 von Alfons VI. wieder aufgebaut wurde. Eine ausführliche Beschreibung des Ortes in seinem jetzigen Zustand findet sich bei Vilhena Barbosa an der bezeichneten Stelle. Über die historische Legende, welche sich an Montemôr-o-Velho knüpft, giebt genauen Aufschlufs Jorje Cardoso: „Agiologio Lusitano dos Sanctos e Varões illustres", I, 320—328.

Ausgaben der „Diana".

Die in Salvá's Katalog nicht aufgeführten Ausgaben der „Diana" im Texte des Originals sind durch ein * hinter der Jahreszahl kenntlich gemacht.

Mit *B. N.* sind diejenigen bezeichnet, welche sich aufser an anderen Orten in der Biblioteca Nacional zu Madrid finden; ein Verzeichnis derselben verdanken wir der Güte Herrn Octavio's de Toledo daselbst.

[1530*] Auf Seite 80 des III. Bandes von Gröber's Zeitschrift für romanische Sprachen führt Herr Prof. Karl Vollmöller

[1530*] eine sonst nirgends erwähnte Ausgabe der „Diana" vom Jahre 1530 an. Durch Nachforschungen, zu denen Herr Prof. Vollmöller so gütig war die nötigen Hinweise zu geben, hat sich herausgestellt, dafs obiges Datum auf einem Druckfehler beruht, da die nach dem Katalog der Bodleiana citierte Ausgabe, die in letzterem unter S. M. 13, 14 Art. verzeichnet steht, vom Jahre 1580 (Anvers, 8⁰) datiert ist.

[1541*] Eine Ausgabe der „Diana" von diesem Jahre wird erwähnt allein von Aribau, auf S. XXVIII des III. Bandes der „Biblioteca de Autores Españoles". Wie sich weiter unten aus dem zu der undatierten Ausgabe Bemerkten ergiebt, kann dieselbe nie existiert haben.

[1542*] Hinsichtlich dieser fabelhaften Ausgabe sei gleichfalls auf das Folgende verwiesen.

[1545*] Das vielfach wiederholte Mährlein von einer Ausgabe aus dem Jahre 1545, die Ticknor (II, S. 199 Anm. 3), Rosell („Bibl. de Aut. Esp." Bd. XXXIII, S. XXVII Anm. 2), Adolfo de Castro (ibid. Bd. XLII, vol. II, S. XXXIX), F. Wolf (Brockhaus, Konsers. Lex.), F. Denis („Nouvelle Biographie Universelle") u. A. anführen, erklärt sich nach einer Bemerkung J. L. Whitney's auf S. 234 des von ihm 1879 herausgegebenen Kataloges der öffentlichen Bibliothek zu Boston aus einer von Ticknor falsch verstandenen handschriftlichen Notiz, die sich in seiner gleich zu besprechenden Valencianer Ausgabe findet. Dieselbe giebt das Urteil wieder, welches der Pfarrer im „Don Quixote" über die „Diana" fällt, und enthält am Ende den Zusatz: *„Jorge Montemaior: Portugues, Musico y Poeta por los años* 1545 *en Madrid".* Whitney bemerkt hierzu wörtlich: *„This which means that Montemayor lived at Madrid about* 1545, *may have been understood at a hasty glance as a statement that it was a quotation from an edition of Montemayor's Diana, published in Madrid in* 1545".

Ohne Datum: „Los siete libros de la Diana de Jorge de Montemayor, dirigidos al muy Illustre señor don Joan Castella de Vilanova, señor de las baronias de Bicorb, y Quesa". *Impresso en Valencia.* 4 Bl. in 4⁰ und 112 Bl. in 8⁰. Nach Salvá's Beschreibung ist diese, wie er sagt „höchst seltene", „unzweifelhaft älteste" Ausgabe die nämliche, von der auch Ticknor (s. Bd. II, S. 199 Anm. 3) ein Exemplar besafs, nur dafs letzteres, welches 1879 in den Besitz der öffentlichen Bibliothek zu Boston überging, auf dem Titelblatt merkwürdiger Weise die Jahrzahl 1542 trägt. Im Vertrauen auf die Sorgsamkeit Ticknor's, der nach einer in dem Exemplar befindlichen, von ihm selbst herrührenden Handnote¹ keine Zweifel in die Ächtheit dieses Datums setzte, haben Mehrere, so u. A. F. Denis in der „Nouvelle Biographie Universelle", dann Larousse und vor Jahren auch Frau Carolina Michaëlis de Vasconcellos noch in ihrem früher citierten, 1881 geschriebenen Artikel über Montemayor das Vorhandensein einer Ausgabe vom Jahre 1542 als verbürgt angenommen; es läfst sich aber nicht nur mit zweifelloser Gewifsheit nachweisen, dafs obiger Druck einer viel späteren Zeit entstammt; wir haben auch gute Gründe, anzunehmen, dafs die „Diana" vor den Jahren 1554 oder 1555 überhaupt nicht begonnen sein kann.

Folgendes zur Begründung zunächst dieser letzteren Annahme:

1. In seiner an Miranda gerichteten Selbstbiographie feiert Montemayor eine Marfida, deren Namen in den lyrischen Gedichten seines Cancionero beständig wiederkehrt.² Sollte unter dieser Marfida eine andere als Diana zu verstehen sein, so kann Montemayor zur Zeit der Abfassung seines Sendschreibens, d. h. 1553, schwerlich schon in Beziehungen zu letzterer gestanden haben, da gerade sie, die in des Dichters Leben eine so wichtige Rolle spielte, in jener Biographie nirgends auch nur erwähnt wird. Ist Marfida aber, wie wir mit gutem Grunde annehmen (s. S. 19), identisch mit Diana, so konnte sie ihm damals unmöglich schon untreu geworden, der Roman also noch nicht begonnen sein, da in dem betreffenden Gedicht (v. 101—102) gerade ihre Treue und Beständigkeit noch in den Himmel erhoben werden.

2. Miranda's 1553 verfafstes Antwortsschreiben gedenkt gleichfalls jener Marfida mehrmals noch in wohlwollendster Weise, dagegen wird in demselben weder eine Diana erwähnt, noch liefert es an irgend einer Stelle den Beweis, dafs sein Autor den Roman bereits gekannt hätte. — Auch Montemayor's Einleitung (Epistola Al Lector) zur ersten, 1554 erschienenen Ausgabe seines Cancionero enthält keinerlei Anspielung auf ein etwa vorher schon veröffentlichtes Erzeugnis; man könnte im Gegenteil aus einigen Stellen in derselben schliefsen, dafs der Autor vor dieser Frist noch nichts zum Drucke gegeben hatte. Ein so ohne alle Einschränkung ausgesprochener Satz wie „*Yo doy mi fé que*

---

¹ „*In cleaning some manuscript words from the bottom of the titlepage, the date* 1542 *was nearly obliterated, but can still be read. It was perfectly plain before I bought the volume in Madrid in* 1818 *and the titlepage was cleared in* 1847".

² Nach Frau Carolina Michaëlis' Angabe (Poesias de Miranda, Anm. S. 849) vermutet man unter dem Namen Marfida, wofür sich auch Formen wie *Marfisa*, *Marfidia* (Cancionero ed. 1554 fl. 356) und *Marfira* finden (letztere z. B. bei D. H. de Mendoza) — sämtlich Anagramme aus *fis* oder *fid amar* — den Namen Margarida.

si hasta aora no he querido que mis obras se impriman" etc. läfst es zum Mindesten wenig glaubhaft erscheinen, dafs die „Diana" zu jener Zeit bereits im Umlauf war.

3. Nach Manoel's de Faria e Souza und Sepúlveda's übereinstimmenden Angaben (s. S. 20) zählte Diana bei ihrem Zusammentreffen mit Philipp III. im Jahre 1602 dem Anschein nach „einige sechzig Jahre" (*unos sesenta años*), was, in runder Summe 65 Jahre gerechnet, für das Datum ihrer Geburt das Jahr 1537 ergiebt. Sollte sie nun in Wahrheit auch schon vielleicht einige Jahre früher, etwa 1535, geboren sein, so liegt es doch auf der Hand, dafs Montemayor auch in diesem Falle, das Alter Diana's zur Zeit seines Abschieds von ihr zu mindestens siebzehn Jahren angenommen, den Hirtenroman bestenfalls unmöglich vor dem Jahre 1554 geschrieben haben kann, da dessen Abfassung bekanntlich auch noch ein Jahr der Abwesenheit von der Geliebten vorausging. —

Durch vorstehende einfache Rechnung wäre sonach erwiesen, was nach 1. und 2. bereits wahrscheinlich genug war; und in der That ist keine einzige datierte Ausgabe der „Diana" bekannt, die auch nur vor das Jahr 1560 zurückreichte. Wenn aber Ticknor's Exemplar trotzdem die Jahrzahl 1542 trägt (die nach Whitney übrigens, im Gegensatz zu dem darüber stehenden Druck des Titelblattes, verwischt und ausgebleicht ist), so ist dies einfach eine von Ticknor nicht erkannte Fälschung, wie Whitney schon vermutet wenn er auf S. 234 seines Kataloges sagt: „*It is by no means impossible, that the date may have been foisted into the title-page, when it was offered for sale in 1818*". Um aber die Beweise für eine Thatsache, die nicht mehr zweifelhaft sein kann, zu erschöpfen, so sei noch bemerkt, dafs die Jahrzahl 1542 nicht nur in Widerspruch zu einigen im Text der „Diana" enthaltenen Anspielungen auf Zeitereignisse steht — sie fehlt auch, aufser in Salvá's, in zwei anderen uns bekannt gewordenen Exemplaren der nämlichen Ausgabe, welche im Besitz der Münchener Universitätsbibliothek (Sign. Poet. Hisp. 6) und der Bibl. Grenvilliana im Britischen Museum sind.

In welche Zeit wird nun aber das Erscheinen der undatierten Valencianer Ausgabe zu verlegen sein?

Wir haben zur Bestimmung dieses Datums einige Anhaltspunkte in der fünften und sechsten Oktave des Canto de Orfeo („Diana" Buch IV); die vierte, in welcher Doña Maria, die „Königin von Böhmen und Österreich-Ungarn" gefeiert wird, fällt wenig in's Gewicht, da sie mit ihrer Anspielung auf Maria's Abwesenheit nichts ergiebt, als dafs sie erst „nach dem Jahre 1551" gedichtet sein kann, wo Maria von ihrem Gemahl von Spanien nach

Deutschland abgeholt wurde. Denn unserer wohl zu begründenden Meinung nach ist unter jener Königin von Böhmen etc. nicht die betagte Schwester Karl's V., die allerdings denselben Titel führte, sondern dessen älteste Tochter zu verstehen; dieselbe, der Montemayor 1548 seine poetische Psalmenbearbeitung widmete, deren Kapelle er angehört hatte, bevor er in die Dienste ihrer Schwester Juana trat, und die ihm, zumal als Schwester seiner späteren Herren und Gönner, unbedingt rühmenswerter erscheinen mufste als die Schwester des Kaisers, die der Dichter möglicherweise nie geschaut, da sie in Spanien nur von 1556 bis zum Jahre 1558 weilte, wo man übrigens mehr als ihre blofse „*ausencia*", nämlich ihren Tod zu beklagen hatte. —

Ein genaueres Resultat als die vierte liefert die fünfte, Montemayor's zweiter Herrin Doña Juana gewidmete Strophe, die eine vollkommen klare Anspielung auf den am 2. Jan. 1554 erfolgten Tod Dom João's, des Gemahls dieser Fürstin, enthält, somit also das Erscheinen der datenlosen Ausgabe der „Diana" in oder hinter das Jahr 1554 verlegt. Auch dies läfst sich indessen noch präcisieren in Hinblick auf die folgende (sechste) Oktave, die „*la gran doña Maria, de Portugal Infanta soberana*" (1521 — 1577), die edle, charaktervolle Tochter Manoel's des Grofsen feiert, deren tragischem Leben Frau Carolina Michaëlis de Vasconcellos einen längeren geistvollen Aufsatz im „Plutarco Portuguez", (Porto 1880—1884, vol. II, Fasciculo IV., p. 25—32c.), gewidmet hat. Wer diese Biographie aufmerksam durchliest, wird mit uns der Ansicht sein, dafs mit dem Todesfall, auf welchen Montemayor in Zeile 7 der betr. Strophe anspielt, nur der am 25. Febr. 1558 erfolgte Tod von Karl's V. ältester Schwester Doña Leonor, der Mutter Maria's, gemeint sein kann, so dafs das Erscheinen der datenlosen Ausgabe hiernach nicht vor das zweite Viertel des Jahres 1558 verlegt werden darf. Da die „Diana" nun aber, der früher citierten Äufserung Ponce's zufolge (s. S. 25 Anm. 2 und Salvá 1909), im Jahre 1559 bereits in Jedermanns Händen war, so kann man nicht fehlgehen mit der Annahme, unsere Valencianer, d. h. die älteste existierende Ausgabe, werde 1558 oder Anfang 1559 erschienen sein.

Die eigentümliche Thatsache, dafs die „Diana", wie aus Nachstehendem ersichtlich, gleich in den zwei folgenden Jahren nicht weniger als vier Auflagen erlebte, scheint denn auch genugsam darauf hinzudeuten, dafs das schnell Epoche machende Werk um jene Zeit noch den ganzen Reiz der Neuheit hatte.

1560* „*Los siete libros de la Diana*" etc., *Zaragoza, en casa de Pedro Bernuz.* Ein Exemplar dieser Ausgabe findet sich in der Herzoglichen Bibliothek zu Wolfenbüttel.

1561 — „*La Diana, agora nuevamente annadido de ciertas obras del mismo autor, y con diligencia corregido*". *Barcelona, Jayme Cortey*, 8⁰.

1561 — „*La Diana. Añadido se agora de la historia de Alcida y Sylvano compuesta por el mismo autor*". *Anvers, en casa de Juan Steelsio*, 12⁰. Auch diese Ausgabe ist in der Bibl. Grenvilliana vertreten.

1561 „*Segunda adicion de los siete libros de Diana de Jorge de Montemayor ... Agora de nuevo añadido el Triumpho de Amor de Petrarcha. Y la historia de Alcida y Sylvano. Con los amores de Abindarraez y otras cosas*". *Valladolid, por F. F. de C. (Francisco Fernandez de Córdova). B. N.*
Der Vermutung Salvá's entgegen enthält diese Ausgabe die Elegie des Marcos Dorantes noch nicht. Von allen drei im Jahre 1561 gedruckten ist sie die am Spätesten begonnene. Die Druckerlaubnis, datiert vom 10. Okt. 1561, ist eben jenem Córdova erteilt. (Mitteilungen Herrn O.s de Toledo).

1562* „*Segunda adicion de los siete libros de la Diana etc. A se añadido en esta ultima impression los verdaderos amores de Abencerraje, y la hermosa Xarifa. La infelice historia de Piramo y Tisbe. Van tan bien las Damas de Aragon y Catalanas, y algunas Castellanas que hasta aqui no avian sido impressas*". *Zaragoza, en casa de Migel de Guesa. Año M. D. L. XII.* 12⁰. Ein Exemplar dieser von Salvá nicht angeführten Edition befindet sich in der Leipzig. Universitätsbibliothek.

·1565 „*Los siete libros de la Diana de Jorge de Montemayor*" *Lisboa, Francisco Grapheo*. 12⁰. Enthält neben der Elegie des Dorantes mehrere Sonette, Canciones und Vilancetes Montemayor's.

1568 „*Los siete libros de la Diana*" *etc. Venecia.* 18⁰. *Alonso de Ulloa*. Dieser Ausgabe geschieht Erwähnung bei Nicolas Antonius und im Supplement zu Ticknor's Litteraturgeschichte, S. 156. Sie enthält bereits die Fortsetzung des Perez. Salvá kannte sie ebensowenig näher als die folgende.

1570 — *la Diana y Poesias. Zaragoza.* 8⁰. *Viuda de Bartholome de Nagera. B. N.*

1574 — *la Diana. Venecia.* 12⁰. *Jo. Comencini. Parte primera* und *segunda (por Alonso Perez medico salmantino). B. N.*
Ein Abdruck der Ausgabe von 1568, Venedig.

1575 — *la Diana. Anvers,* 12. *Pedro Bellero.*

1578 — *la Diana. Pamplona,* 12⁰. *Thomas Porrâlis.*
Erster (194 Bl.), zweiter (220 Bl.) und dritter Teil der „Diana" (119 Bl.), letzterer von Gil Polo.

1580	— la Diana. Anvers, 12⁰. Pedro Bellero. B. N. S. auch Sedano und Antonius.
1580*	— la Diana. Anvers, 8⁰. Viuda de Juan Helsio. — Eine Ausgabe, deren unsres Wissens nur bei Barbosa Machado Erwähnung geschieht.
1581	— la Diana. Anvers, 12⁰. Pedro Bellero. Erster und zweiter Teil, d. h. die Fortsetzung Alonso Perez's.
1582*	— la Diana. Pamplona, 12⁰. Thomas Porralis. B. N. Ein Salvá unbekannter Abdruck der ed. 1578.
1585	— la Diana. Venetia, 12⁰; Giacomo Vincenci. Mit der segunda parte des Perez. — Ein schlechter, sehr fehlerhafter Abdruck der Ausgabe Bellero's vom Jahre 1580. Selbst die falschen Seitenzahlen der letzteren finden sich bei Vincenci wieder. Aufser in der B. N. findet sich diese Doppelausgabe in der Königl. Bibl. in Dresden.
1586	— la Diana. Madrid, 8⁰. Francisco Sanchez. Eine sehr sorgfältige, schön gedruckte Ausgabe, die Salvá nicht gesehen hat. Univ.-Bibl. in Göttingen.
1591	— la Diana. Madrid, 12⁰. Luis Sanchez. Mit der Fortsetzung des Perez.
1595	—. la Diana. Madrid, 12⁰. Luis Sanchez. Erster und zweiter Teil.
Ohne Datum	— la Diana. Milano, 8⁰. Andrea de Ferrari. Nach Salvá (Catálogo No. 1915) „ohne Zweifel eine der ältesten Dianaausgaben".
1602	— la Diana. Madrid, 8⁰. Juan Flamenco. Erster und zweiter Teil.
1602	— la Diana. Valencia, 12⁰. Pedro Patricio Mey. N. B.
1614	— la Diana. Barcelona, 8⁰. Sebastian de Cormellas. Erster und zweiter Teil in einem Band von 687 Seiten. B. N.
1616	— la Diana. Milan, 12⁰. Juan Baptista Bidelo. Erster und zweiter Teil. B. N.
1622	— la Diana. Madrid, 8⁰. Viuda de Alonso Martin. Erster und zweiter Teil. B. N.
1624	— la Diana. Lisboa, 8⁰. Pedro Craesbeck. Beide Teile in einem Bande.
1795	— La Diana. Madrid, 8⁰. Fermin Villalpando.
1802*	— La Diana. Madrid. Diese uns unbekannte Ausgabe wird angeführt von F. Wolf in Brockhaus' Konvers.-Lex. Art. „Montemayor".

Fortsetzungen.

1564	„La Diana de Jorge de Monte Maior, compuesta por Alonso Perez medico Salmantino". Alcalá, 8⁰. Nach Nic. Antonius, Bibl. Hisp. Nova I, 539 die älteste Ausgabe. Eine weitere, für sich allein gedruckte Ausgabe dieser Segunda Parte scheint nicht zu existieren, dagegen sei erwähnt, dafs beide „Dianen" sehr häufig in zwei gesonderten Bänden

gedruckt wurden, wodurch es erklärlich wird, wenn bei Nic. Antonius z. B. eine zweite Auflage der „Diana" des Perez vom Jahre 1591 erwähnt wird. (Siehe S. 85).

Eine bei Salvá nicht aufgeführte Ausgabe der letzteren erschien im Jahre

1585 „*Segunda parte de la Diana de George de Monte Mayor, por Alonso Perez*". *Madrid*, 8⁰. *Francisco Sanchez*. Auch dieser liefs der genannte Drucker aber gleich im folgenden Jahre die „Diana" Montemayor's (s. S. 85) genau in der nämlichen Ausstattung und Gröfse folgen. Beide Exemplare stellte uns die Univ.-Bibl. von Göttingen zur Verfügung.

Bemerkt sei noch, dafs die vielfachen Neudrucke der *Segunda Parte* des Perez — sie erschien, wie aus vorstehendem Verzeichnis ersichtlich, in den Jahren 1564, 1568, 1574, 1578, 1581, 1582, 1585, 1585 (Madrid), 1591 1595, 1602, 1614, 1616, 1622 und 1624 — dafs alle diese Neudrucke nicht dafür sprechen, dafs sie „wenig beliebt" war, wie dies im Suppl. zu Ticknor, S. 157, behauptet wird.

1564 „*Primera Parte de Diana Enamorada. Cinco libros que prosiguen, los siete de la Diana de Jorge de Monte Mayor. Compuestos por Gaspar Gil Polo*". *Valencia*, 8. *Juan Mey*. Diese gewöhnlich als „*tercera parte*" bezeichnete Fortsetzung der „Diana" schliefst nicht an Perez's, sondern Montemayor's Roman an, führt denselben aber ebensowenig zu Ende, als die des Salamankers mit ihren acht Büchern. Sie erschien nach Salvá noch in den Jahren 1567 (Anvers), 1574 (Anveres), 1574 (Paris), 1577 (Zaragoza), [1578 (Pamplona, Th. Porrâlis, s. S. 84)], 1611 (Paris), 1613 (Brusselas), 1739 (Londres), 1778 (Madrid), 1802 (Madrid), 1860 (Madrid) und 1862 (Valencia).

1587 „*La Diana de Montemayor, nuevamente compuesta por Hieronymo de Texeda, donde se da fin a las historias de la primera y segunda parte*". *Paris*, 8⁰.

Nach einer Anm. zu Ticknor, Suppl. S. 157, wurde auch diesem Werke im Jahre 1627 die Ehre eines Neudrucks — „*a costa del auctor*" — zu Teil.

Religiöse Travestie der „Diana" Montemayor's:

1581 „*Primera parte de la Clara Diana a lo divino, repartida en siete libros. Compuesta por el muy Reverendo Padre fray Bartholome Ponce*". *En Zaragoza*. *Lorenzo de Robles*, 8⁰. Erwähnt bei Nic. Antonius. Salvá (Cat. No. 1944) spricht noch von einer Ausgabe, erschienen zu Epila, 1580, 8⁰ und einer dritten, Zaragoza 1582, 8⁰. Eine vierte wurde veranstaltet im Jahre 1599 zu Zaragoza. (Ticknor, Suppl. S. 157; Salvá, Cat. No. 1944).

Übersetzungen. a. Lateinische:

Nach den Angaben Barbosa Machado's (Bibl. Lusit. II, 809) übersetzte Kaspar Barth, „*celebre Filologo*", die Fortsetzung Gil Polo's, welche 1574 zu Valencia, 8⁰, bei Juan Mey erschien und in welcher Barth auch die Übersetzung des ersten und zweiten Teiles der „Diana" verspricht. Wir vermochten nicht in Erfahrung zu bringen, wann und unter welchem Titel Montemayor's und Perez's Werk, ebenfalls in lateinischer Sprache, veröffentlicht wurden; dafs Letzteres aber der Fall gewesen, ergiebt sich aus einer Anmerkung in Bd. XXXIII, S. XXVIII der Bibl. de Aut. Esp.: „*tradujo (scil. Gaspar Barthio) despues las otras dos partes de la obra, escritas por Montemayor y Perez*".

b) Französische:

1578 Eine Übersetzung der „Diana" Montemayor's aus diesem Jahre, von Nicolas Colin, Rheims, 8⁰, gedruckt von Jean Foigny, finden wir nur bei B. Machado und Puibusque (*Histoire comparée* etc. I, 465) erwähnt.

1603 „*Los siete libros de la Diana de George de Monte Mayor. Où sous le nom de bergers et bergeres sont compris les amours des plus signalez d'Espagne. Traduits d'Espagnol en François par S. G. Pavellon, Paris*". Anthoine de Brueil. 12⁰. *B. N.* Gedruckt in zwei Columnen, deren eine den castil. Text enthält.

1611 — Neuauflage der vorstehenden, „*de nouveau reveus et corrigez par le Sieur J. D. Bertranet*. 8⁰. (Königliche Bibl. in Dresden.)

1612 — Dasselbe. Paris, 8⁰. Druck von Thomas de la Ruelle. (Salvá, Cat. No. 1918.)

1613 — Dasselbe. Paris, 8⁰. Druck von Th. Estoc. Salvá unbekannt. *B. N.* Königl. Bibliothek in Dresden.

1735 „*Le roman espagnol ou nouvelle traduction de la Diane, ecrite en espagnol par Montemayor*". Paris MDCCXXXV. 12⁰. Salvá unbekannt. *B. N.*

(1582) Eine Übersetzung des zweiten und dritten Teiles, von Gabriel Chapuiz, Lyon, 12⁰. Gedruckt von Louis Cloquemin. S. B. Machado, Nic. Antonius S. 540 (unter Montemayor), und Bibl. de Aut. Esp. XXXIII, pag. XXVIII Anm.

Ohne Datum „*La Diana, nouvellement traduite en François par Antoine Vitray*". Paris, 8⁰. 2 Bände. Eine Ausgabe, die wir nirgend angeführt fanden. Ein Exemplar derselben ist im Besitze der Bodleiana, Oxford, deren Katalog es unter Douce, M. 284, 5 aufführt. (Privatmitteilung).

1592 „La Diane de Georges de Montemayor. Divisée en trois parties, et traduites d'Espagnol en François. Reveuë et corrigée outre les precedentes impressions, comme il est mentionné en l'Epistre Liminaire". A Tours, chez Claude de Montr'oeil, et Jean Richer.

1624 „La Diane de Monte-Maior divisée en trois parties. Nouvelle et derniere traduction. Dediée a La Reyne. Par A. Remy". Paris. Ebenso wie die Ausg. von 1592 in der Hzgl. Bibl. zu Wolfenbüttel vorhanden.

c) Englische:

1598 „Los siete libros de la Diana etc., translated out of Spanish into English, by Bartholomew Yong". London, printed by Edm. Bollifant. Gleichfalls vertreten in der Bodleiana, Sign. Douce, M. 740. (Privatmitt.) Eine uns unbekannte „schwache Abkürzung von Montemayor's „Diana" und von Polo's Fortsetzung," erschienen in London, 1738, 12°, wird bei Ticknor erwähnt (II, 200, Anm.).

d) Holländische.

1652 Von einer holländischen Version spricht F. A. Varnhagen: „Da Litteratura dos Livros de Cavallerias"; Vienna 1872, S. 161.

e) Deutsche:

1624 „Erster und anderer Theil der newen verteutschten Schäfferey, von der schönen verliebten Diana und dem vergessenen Syreno, darinnen viel schöner Historien, von mancherlei liebhabenden, Adels- und Unadels Persohnen etc. ... zu lesen. Aufs Spanischer Sprach' in Hochteutsch gebracht durch .... Hans Ludwig Khueffsteinern, Freyherrn". Lintz. (Hzgl. Bibl. Wolfenbüttel.)

1646 „Diana, von H. J. De Monte-Major, in zweyen Theilen Spanisch beschrieben, und aus denselben geteutschet durch Weiland ... Kueffstein etc. An jetzo aber mit defs Herrn Gil Polo zuvor nie gedolmetscheten dritten Theil vermehret .... durch G. P. H." (Georg Philipp Harsdörfer). Nürnberg. (Ebenso wie die Neuauflagen in der Bibl. zu Wolfenbüttel.)

1661 Dasselbe. Nürnberg.
1663 Dasselbe. Nürnberg.
1750 „Der spanische Roman oder Diana ...... Auf das zierlichste in's Französische gebracht und aus demselben, nach der neuesten Auflage, sorgfältigst in's Teutsche übersetzet". Hamburg, bei J. C. Bene. — Ein unvollständiges, erbärmliches Machwerk, in dem man die „Diana" nicht wiedererkennt.